INTRODUCTION.

L'ACCUEIL favorable que le Public a paru faire à l'Effai de Musique d'Eglise, m'a engagé à publier cette feconde partie. Comme il ne s'agit point ici d'une Musique compofée fur un Poëme, où toutes les fituations font indiquées par l'Auteur des paroles, & que le Muficien, dans cet Effai, eft obligé d'établir lui-même l'unité, qui, dans l'autre cas, eft établie par le Poëte ; il croit, par cette raifon, devoir dévelop-per fes principes, pour donner connoiffance de fes intentions. Ce n'eft pas qu'il prétende avoir trouvé là la question. Comme mon objet ici est d'instruire mes éleves, voici la véritable. La Musique peut-elle remplir ce plan ? J'entends déja les Maîtres de l'art répondre hardiment : *Oui.* Eh bien, maintenant proposons-en une autre. Laquelle des deux musiques d'église pourra être la plus vraie, ou de celle qui s'efforcera d'être *une, imitative & particuliere à chaque solemnité,* ou de celle qui dédaignera ce principe pour ne montrer que de beaux, de très-beaux morceaux même, sans aucuns rapports d'objet entre eux, pour offrir des tableaux particuliers qui ne concourront point à former un tableau unique & général, pour étaler une masse musicale qui ne fixera aucunement l'attention sur l'objet de la fête ? Les gens de génie, avant de me laisser achever, m'ont déja répondu que ce sera la premiere, & même ceux qui pourroient être mal intentionnés deviennent leurs échos, mais en mettant malignement cette restriction, *que ma musique n'y répond point.* En ce cas, vous qui avez beaucoup plus d'acquis que moi, perfectionnez ce genre; je vous en laisserai entiérement la gloire, & je ne rougirai point d'aller glaner après vous dans les routes d'un art dont l'avancement seul m'intéresse. Si cet Ecrit de peu de mérite & mon foible pinceau musical peuvent seulement donner l'idée de composer une meilleure musique, je me croirai assez récompensé.

F I N.

SUITE DE L'ESSAI

SUR

LA MUSIQUE SACRÉE

ET IMITATIVE,

Où l'on donne le Plan d'une Musique
propre à la Fête de Pâque.

Par M. LE SUEUR,

Maître de Chapelle de l'Eglise de Paris.

Denique fit quodvis simplex duntaxat & unum.
HOR. Art. Poet. v. 23.

A PARIS,

Chez la Veuve HERISSANT, Imprimeur
du Chapitre, rue neuve Notre-Dame.

1787.

ce principe d'unité, il a été établi dans tous les fiecles par la Nature.

Hos Natura modos primùm dedit (1).

Les hommes de génie en ont parlé dans tous les temps. Ariftote l'a indiqué le premier ; & tous les Philofophes, depuis, l'ont recommandé aux Artiftes. Dans ce fiecle, Rouffeau n'a point oublié de le rappeler aux Muficiens ; & je ne cherche ici qu'à le mettre en vigueur dans la Mufique d'Eglife, en m'efforçant d'en compofer une qui foit tellement propre à chaque fête, qu'elle ne puiffe s'exécuter un autre jour, fans faire montre de la plus grande abfurdité. J'ai tâché de fuivre ce principe dans la *Meffe* & le *Magnificat* du jour

---

(1) Virg. Georg. liv. 2, v. 20.

de Pâque , ainſi que dans le *Motet*
de la veille , où , pour établir l'unité
de temps , d'action & de lieu , je n'ai
pas cru pouvoir mieux faire que de
raſſembler , dans un ſeul corps ,
d'après les conſeils d'un Théologien
très-éclairé , les traits les plus ſail-
lans des Hiſtoriens ſacrés , à l'effet
de former une hiſtoire ſuivie de la
Réſurrection.

Comme pluſieurs Compoſiteurs
ont paru trouver ſingulier qu'un Muſicien fût capable d'écrire ſes intentions , je laiſſe aux gens de Lettres
à leur répondre , que ceci doit être
d'autant plus une choſe ordinaire
pour un Artiſte , que non ſeulement
pluſieurs l'ont fait avec ſuccès , mais
que tous ceux qui cherchent à s'ini-
tier dans les ſecrets de leur art , doi-

A 3

vent au moins s'efforcer de s'en rendre capables.

Ce n'eſt pas que je prétende ne point avoir reçu de conſeils. Je ne rougirai jamais d'en prendre des perſonnes éclairées , & même non muſiciennes; ces dernieres ſont ſans préjugés. J'en ai trouvé la preuve dans un Eccléſiaſtique de beaucoup d'eſprit , dont les lumieres ne m'ont pas nui , ſur-tout pour la partie théologique.

Un Artiſte n'aura pas honte d'écouter les conſeils du Poëte Homere , en étudiant ſans ceſſe ſes ouvrages , ſur-tout s'il ſait rendre ſiennes les idées qu'il puiſera dans ce grand homme.

Celui qui marche dans le ſentier d'un autre , ſans ſavoir pourquoi, ne trouve rien, n'invente rien : il faut au moins connoître ce que l'on veut pratiquer. Un Artiste doit sentir les principes de ses Maîtres, & non pas seulement les apprendre par cœur. Les préceptes de tel Philosophe ne doivent pas plus être préceptes pour lui que ceux de tel autre : mais si, après les avoir approfondis, il sait démêler ceux qu'il doit choisir, d'avec ceux qu'il doit laisser, ils lui appartiendront pour lors. La vérité luit également pour tous les hommes, & son flambeau n'appartient pas plus à l'homme de génie qui a su s'en servir le premier, qu'à celui qui sait s'en éclairer le dernier. Appercevez-vous cette abeille diligente, qui va bourdonnant dans ces champs fleuris ? La voyez-vous qui s'arrête tantôt sur une fleur, tantôt fur une autre ? Elle y choifit, elle y recueille un butin qui ne lui appartient pas d'abord ; mais quand elle en a formé fon miel précieux, les champs où elle en a été dérober le germe ont-ils le droit de le lui difputer ? J'ai tâché d'imiter cette abeille ; & perfonne non plus ne fe vantera de m'avoir prêté fa plume pour ce foible Effai. Eft-ce donc une chofe bien extraordinaire qu'un Muficien puiffe écrire deux lignes, fur-tout quand il s'agit de Mufique ?

O Compofiteurs ! fi cela eft, quelle opinion a-t-on de nous ?

Navita de ventis ; de tauris narrat Arator ;
Enumerat Miles vulnera ; Paftor oves.

Si un Poëte latin prétend qu'un Pilote peut parler des vents ; un Bou-

vier, des taureaux ; un Guerrier, de
ses blessures ; un Berger, de ses trou-
peaux : défend-il au Musicien de pouvoir parler de son art ? Il ne sort
pas plus alors de sa sphere que ceux
dont parle ce Poëte ; & il ne res-
semble point à ceux dont parle Horace, quand il dit que le bœuf voudroit porter la selle, & le cheval,
traîner la charrue.

Optat ephippia bos piger ; optat arare caballus.

Avant de commencer le Motet,
il est bon d'observer que cette espece
de piece doit être composée comme un
Oratoire. En effet, quelle différence
un Maître de Chapelle doit-il trouver entre un Motet revêtu d'une Musique sçavante, mais où l'on ne de-
vinera aucune situation ; & un autre,
revêtu d'une Musique pittoresque ?

Il y trouvera, je crois, celle-ci : que
le premier n'est qu'un tableau sans
dessein, où l'on aura placé indifférem-
ment un festin à côté d'un tombeau ;
un David, pinçant de la harpe, à
côté d'un saint Augustin, réfutant
gravement des Hérétiques ; une salle
de spectacle à côté d'un temple ; &
que le second est un tableau où le
connoisseur appercevra que le peintre a eu l'intention du moins d'y
prendre un sujet, & de n'y employer
que ce qui lui convient. Si ce sujet,
par exemple, représente les Noces
de Cana, on n'y verra que les personnages & les événemens qui
avoient rapport à cette fête. On n'y
placera point un Abraham ou un
Salomon. Si c'est une Résurrection,
on n'y verra que les objets qui doi-

vent s'y rencontrer. On appercevra que le peintre a voulu y mettre du choix, de l'unité, y obferver les proportions, y garder le coftume & le caractere des perfonnages; y placer des contraftes, y faire dégrader les couleurs, en un mot, on y reconnoîtra une connexité, une appartenance, fans quoi tous les ouvrages d'imagination ne peuvent prétendre aux fuffrages des perfonnes initiées dans les beaux arts.

Si un Compofiteur, dans une Meffe qu'il deftineroit à être exécutée le jour de Pâque, compofoit, fur les *Kyrie*, une Mufique qui peindroit (comme on l'a fait fouvent) des perfonnages gémiffans, accablés fous leurs maux, garderoit-il les convenances ? Cette peinture convien-

droit-elle au jour de Pâque ? au jour
où le Rédempteur vient de les délivrer ? Si, au *Qui tollis peccata mundi,
miferere nobis*, il s'attachoit à donner
à cette priere une teinte d'abattement
& l'expreffion d'une ame qui ne voit
encore fa délivrance que dans un
grand éloignement, cette peinture
conviendroit-elle au jour de Pâque ?
Si, au *Credo*, il revêtoit d'une Mufique myftérieufe l'*Et incarnatus eft
de Spiritu Sancto, ex Mariâ Virgine, & Homo factus eft*; s'il s'arrêtoit enfin fur ce trait du tableau,
cette peinture conviendroit-elle au
jour de Pâque ? Si, au *Crucifixus* du
même *Credo*, il s'arrêtoit fur l'image
de la Paffion, cette peinture conviendroit-elle au jour de Pâque ?

En outre, fi, à côté du *Kyrie*, il

faisoit entendre un *Gloria in excelsis Deo*, & *in terrâ, pax hominibus bonæ voluntatis*, qui eût l'expression convenable à des personnes qui jouissent du plus parfait bonheur & de la plus grande paix ; si, à côté du *Qui tollis*, il faisoit entendre un *Quoniam tu solus sanctus*, qui eût la teinte convenable à des personnes assurées d'une délivrance prochaine ; si, à côté du *Crucifixus*, il faisoit entendre un *Resurrexit*, dont le caractere doit être de la plus grande gaîté, ce Compositeur n'auroit-il pas fait entrer, dans le même tableau, des personnages accablés sous le poids de leurs chaînes, à côté d'autres qui jouissent du bonheur de la liberté, du calme le plus parfait ? N'auroit-il pas fait entrer, dans le même tableau, les

cris du défespoir à côté de la douce
émotion que fait éprouver l'efpé-
rance? Enfin, n'auroit-il pas mis en
action, dans le même tableau, l'In-
carnation à côté de la Naiffance; la
Naiffance à côté de la Mort; la Mort
à côté de la Réfurrection du Sauveur? O vous, Artiftes éclairés!
que penfez-vous de cet enfemble, ou
plutôt de ce défordre? Chaque objet
en particulier fera rendu; mais qu'on
raffemble ces traits épars, qu'on faffe
concourir ces éclairs féparés, en
fera-t-on jamais fortir un jour bril-
lant?

Une Meffe, conçue de cette maniere, pourra s'attirer les fuffrages
par les détails; mais pourra-t-elle
jamais les mériter par l'enfemble?
L'unité n'y fera-t-elle pas rompue,

comme dans un Concert, où d'ailleurs elle n'eſt point néceſſaire, &
où chaque piece eſt comme iſolée
par rapport à une autre, puiſqu'on
peut y faire entendre un Oratoire
auprès d'une Symphonie ; un Motet
auprès d'une Scene, &c. ; & cela
n'empêche point la Muſique d'en être
très-belle : témoin celle qu'on a cou-
tume d'entendre dans un Concert
auſſi renommé que le talent de ſes
Exécutans, & dirigé par un Artiſte
dont l'intelligence juſtifie le nom célebre qu'il s'eſt acquis.

Le Compoſiteur, prenant la Réſurrection pour ſon ſujet, doit s'aſ-
treindre, je crois, à ne faire entrer,
dans ſon câdre, que ce qui y a rapport. Le *Reſurrexit* doit donc, ſi l'on
peut s'exprimer ainſi, répandre ſes

rayons fur toute la Mufique du jour.
Que les Connoiffeurs jettent les yeux
fur un des chef - d'œuvres de la Mufique d'Eglife, fur la Meffe des Morts
de M. *Goffec*, que, tout récemment
encore, la Flandre vient-d'applaudir
avec autant d'enthoufiafme que la
Capitale ; on y découvrira que cet
habile Compofiteur a fu jetter, fur
tout fon ouvrage, la teinte rembrunie
qui y con venoit.

Dira-t-on que la Mufique d'Eglife
ne doit pas être dramatique ? Mais
interrogeons les Compofiteurs célebres ; interrogeons les *Gluck*, les
Piccini, les *Grétry*, les *Paëfiello*, les
Philidor, les *Anfoffi*, &c. ; ils nous
répondront, ou plutôt leurs chef-d'œuvres répondront pour eux, que la Mufique dramatique eft celle qui eft imitative ;

tative ; que celle qui eſt imitative ,
eſt celle qui rend les ſituations, qu¹
excite, au fond des ames, les ſentimens qu'elle exprime ; enfin, ils répondront que la Muſique imitative
eſt celle qui peint. Or, la Muſique
d'Egliſe doit peindre ; elle eſt donc
dramatique. Pour être telle, elle ſe
ſert des mêmes moyens qui ſont
propres à ce genre de Muſique. Ses
voix, ſes inſtrumens, ſa magie, ſes
effets ſont les mêmes. L'une ne re-
quiert pas moins que l'autre des
Exécutans, en qui le Compoſiteur
puiſſe faire paſſer tous ſes ſentimens,
toute ſon ame ; des Exécutans qui la
conçoivent ; car, que diroit-elle à
ceux qui ne peuvent la ſentir? Auſſi,
eſt-ce avec raiſon que je m'applaudis
encore tous les jours d'avoir trouvé

B

dans les Artistes, depuis que je suis
fixé dans cette capitale, non-seule-
ment un empreſſement peu commun
pour l'exécution de mes ouvrages,
mais encore une adreſſe, une intelligence & une énergie auxquelles je
dois tous les encouragemens que le
Public bénévole m'a donnés.

Nous diſions que la Muſique
d'Egliſe ſe ſert des mêmes moyens
que la Muſique dramatique. En effet,
la même palette ſert au Compoſiteur
dramatique & au Compoſiteur d'E-
gliſe. C'eſt avec les mêmes moyens;
c'eſt avec le même pinceau que Ra-
phaël peignit ſon magnifique tableau
de l'Ecole d'Athènes & celui de la
Transfiguration. Il ne s'eſt pas im-
poſé la loi de n'employer que telles
couleurs dans le premier, & telles

autres dans le fecond ; il s'eft feulement aftreint à en différencier le
ton : c'eft ce que doit faire le Maître
de Chapelle.

Qu'y auroit-il de plus impofant que
d'entendre le fanctuaire du Très-Haut
ne retentir que d'une Mufique grande
& pathétique, qui rendît préfens les
grands événemens que la Religion
y retrace ? Eft-ce l'Eternel, qui, au
milieu du tonnerre & des éclairs,
defcend fur le Mont Sinaï, pour y
dicter fes volontés au Légiflateur
des Hébreux ? Les Chrétiens adref-
fent-ils des vœux à l'Etre fuprême ?
Cherchent-ils à pénétrer la voûte
célefte, pour faire parvenir jufqu'à
fon trône leurs ardentes prieres ?
Rappellent-ils, dans leurs chants fu-
nebres, la mort du Méffie ? Le Roi

Prophete publie-t-il la gloire du Créateur ? Retrace-t-il quelque événement fameux, confacré dans l'Hiftoire Sainte, comme l'inftant mémorable où les Ifraélites, échappés du milieu d'un peuple ennemi, paffent au milieu des flots qui fe rangent à leur paffage ? Pourquoi le Maître de Chapelle ne s'attacheroit-il pas alors à faire des tableaux ? Enfin, pourquoi ne lui feroit-il pas permis de reffembler à ces mêmes Ifraélites, qui, par l'ordre du Seigneur, emporterent, pour faire fervir à fon culte, les vafes d'or dont les Egyptiens fe fervoient pour celui de leurs Divinités ? La Mufique d'Eglife & la Mufique dramatique fe reffemblent donc : toute la différence qu'il y a, c'eft que la Mufique d'Eglife eft une statue coloffale, dont les traits doivent être d'autant plus fortement prononcés, qu'elle eft faite pour être vue de loin. C'eft pour cela qu'elle ne peut être tranfportée au Concert, comme celle du Concert ne peut l'être à l'Eglife ; autrement l'une deviendroit cette ftatue coloffale , placée dans un petit appartement ; & l'autre , une miniature, placée au milieu d'un temple.

Mais, dira-t-on, *chacun fent à fa maniere.* L'un peut faire , dans la Mufique d'Eglife, une fuite de tableaux qui fe tiennent par le même fujet ; l'autre peut en faire qui rendront leur objet en particulier, mais qui ne tiendront pas enfemble par un fujet général. Dans ce cas, un Villageois auroit raifon de préférer

B 3

le portrait fans deffein, mais fortement colorié de fon bifaïeul, aux fuperbes tableaux du célebre le Brun,
à fa Galerie de Verfailles, dont chaque fujet particulier tient à un fujet
général. *Chacun fent à fa maniere.*

Ceci me rappele une réflexion de
Métaftafe : *Les Arts*, dit-il, *ne
doivent pas, pour vouloir trop imiter
la Nature, s'en rendre efclaves.*
Effectivement, on aura manqué leur
but, fi, dans la Mufique, on rend
des cris par des cris, & fi, dans la
Sculpture, on fubftitue la copie à
l'imitation. C'eft ce qui trompe le
Villageois dont nous parlions, il n'y
a qu'un inftant. Montrez-lui un des
chef-d'œuvres de Coypel, il le trouvera beau, vu qu'il y appercevra de
la reffemblance avec la nature, mal-

gré qu'il n'en voie pas la beauté du deſſein. Mais, ajoutez à cette ſtatue une couleur de chair, forte & marquée ; donnez-lui des yeux de verre, elle aura beaucoup plus de mérite pour lui, après cette métamorphoſe.

Dans un cas pareil, le Sculpteur quitteroit les moyens propres à ſon art ; il copieroit la Nature, & ne l'imiteroit pas. Comme un Statuaire n'abandonnera jamais la couleur de ſon marbre pour le revêtir d'une couleur de chair, de même le Muſicien ne doit jamais quitter le ſon appréciable, pour y ſubſtituer des tons qui ne ſont plus que déclamatoires ou des cris ; parce que ces deux Arts (& principalement la Muſique) plaiſent par l'imitation ſeulement, & non par la copie, qui ne peut être que le moyen de la Peinture. Je dirai

B 4

plus : fouvent la Mufique ne fait qu'approcher de la Nature ; fouvent elle ne nous fait éprouver par un fens que des fenfations femblables à celle qu'un autre a déja excitées en nous. Elle n'imite donc pas pofiti-vement fon objet ; elle ne fait que réveiller en nous les fenfations que fait éprouver cet objet : auffi eft-elle différente de la Peinture, en ce que les imitations, ou plutôt les copies de celle-ci fe devinent auffi-tôt, & que les imitations de la Mufique, pour être fenties, ont befoin que l'Auditeur ait fait préalablement une efpece de raifonnement.

Par exemple, fi le Compofiteur a voulu peindre le lever du Soleil, celui qui l'entendra ne dira pas fur le champ, comme on le diroit d'un

tableau : » Voilà le lever du Soleil »;
il dira : » Je sens, en entendant cette
» Musique, un calme, une fraîcheur,
» une sérénité semblable à celle que
» j'ai ressentie en voyant le matin
» d'un beau jour. C'est donc l'Au-
» rore ou le lever du Soleil que le
» Musicien a voulu peindre. Au lieu
» de me faire voir l'objet, ce qui
» lui est impossible, il réveille dans
» mon ame les sensations que l'on
» éprouve en voyant cet objet ».

C'est une des raisons qui ont dé-
terminé l'Artiste à publier ses intentions.

AVERTISSEMENT.

POUR l'intelligence du Motet, il est nécessaire de remettre sous les yeux, ce qui s'est passé immédiatement avant la résurrection.

Il y avoit près du Calvaire un jardin, dans lequel se trouvoit un Sépulcre nouvellement construit. Joseph d'Arimathie, après avoir embaumé le corps de Jesus, se hâta, dès le soir du Vendredi, de le déposer dans ce monument, qui étoit taillé dans le roc en forme de grotte voûtée, & qui n'avoit encore servi à personne.

Pour en fermer l'entrée, il y fit rouler une pierre d'une grosseur énorme.

Les Saintes Femmes, qui avoient eu soin

de remarquer l'endroit où l'on avoit déposé le corps de Jesus-Christ, s'en retournerent dans le deſſein de venir joindre leurs parfums & leurs aromates à ceux de Joseph d'Arimathie, dès le matin du troiſieme jour; &, pour cela, elles les préparerent dès le ſoir du Vendredi, pour n'avoir rien à faire le jour du Sabbat, ſelon que la loi de Moïſe le leur ordonnoit.

Le lendemain de la mort du Rédempteur, qui étoit le jour du Sabbat, les Princes des Prêtres & les Phariſiens allerent trouver Pilate, pour lui faire reſſouvenir que, Jeſus ayant dit qu'il reſſuſciteroit le troiſieme jour, il étoit néceſſaire de mettre une nombreuſe garde autour de ſon tombeau pour empêcher toute ſurpriſe, & obvier à ce que ſes Diſciples ne l'enlevaſſent & ne diſent, après cela, au Peuple : « Il eſt reſſuſcité

» d'entre les morts ». *Pilate envoya, sur le soir du Sabbat, une nombreuse troupe de soldats, pour investir le Sépulcre & y apposer le sceau de l'Empire.*

MOTET

POUR

LA VEILLE DE PÂQUE.

LA RÉSURRECTION.

PREMIERE PARTIE

DU MOTET.

Louverture ne fera autre chofe qu'une marche militaire, fiere & marquée, qui peindra l'arrivée de la troupe des gardes au Sépulcre, accompagnée des principaux de Jérusalem, qui viennent apposer le sceau de l'empire, pour en rendre l'entrée inaccessible. À quoi le Compositeur ajoutera, en finissant, quelques traits d'orchestre, qui peignent le silence, la solitude & l'horreur des tombeaux. Cette ouverture, pour rendre le lointain d'où elle semble arriver, commencera d'abord par des sons indistincts, peu-à-peu augmentera de bruit, & finira par se rallentir.

Nota. Le Compositeur, pour lui donner l'empreinte de la menace, a placé dans le fond de son tableau un trait d'orchestre ténébreux, caractéristique & soutenu, qui se propage pendant tout le morceau; & le rhythme militaire de la marche, se fait sentir sur le premier plan.

(1) CHŒUR.

(Chanté par les gardes, placés dans le vestibule du Sépulcre).

(a) Matth.   **(a)** *Recordati sumus, quia seductor ille dixit adhuc vivens : Post tres dies resurgam.*

Traduction libre.

« Nous n'avons point » oublié l'audace de cet » imposteur, nous allons » être témoins s'il peut » s'élever triomphant de » ce tombeau le troisieme » jour, comme il a osé » l'avancer ».

(2) RÉCITATIF.

(a) *Vespere autem Sabbati quæ lucescit in prima Sabbati* (b).

(a) Matth.

(b) Marc.

RÉCIT.

« Marie Magdeleine, « Marie mere de Jacque, » & Salomé, achetent » d'avance des aromates » & se préparent à venir » visiter le tombeau du » maître qu'elles regret- » toient, de Jesus qu'elles » desirent embaumer. » Elles partent de Jérusa- » lem ; il étoit encore » nuit, & l'aurore devan- » çoit à peine l'astre du » jour, lorsqu'elles étoient » en chemin ».

Maria Magdalene & Maria Jacobi, & Salome emerunt aromata, ut venientes ungerent Jesum & valdè manè una Sabbatorum. (d) *Cùm adhuc tenebræ essent,* (b) *veniunt ad monumentum orto jam sole.* (c) *Portantes quæ paraverant aromata.*

(d) Jean.

(b) Marc.

(c) Luc.

RÉCITATIF.

« Elles se disoient entre » elles : mais.... Cette » pierre énorme qui fer- » me l'entrée du monu- » ment, qui de nous ?...

Et dicebant ad invicem :

(3) TRIO dialogué.

(c) *Quis revolvet nobis*

lapidem ab oftio monu-
menti ? . . .

» Qui pourra jamais la
» renverfer ?

(4) C H Œ U R.

(a) Matth. (a) *Et ecce terræ motus*
factus eft magnus.

Angelus Domini defcen-
dit de Cœlo , & accedens
revolvit lapidem, & fede-
bat fuper cum.

« Au même inftant un
» bruit fourd & terrible
» fe fait entendre : le
» globe entier femble en
» être ébranlé, l'Ange
» du Seigneur fend les
» campagnes de l'air,
» s'approche du Sépul-
» cre, brife le fceau de
» l'empire, frappe la
» pierre, la renverfe &
» s'affied deffus ».

Præ timore autem ejus
exterriti funt cuftodes &
facti funt velut mortui.

« Les foldats auffi-tôt
» faifis d'épouvante, tom-
» bent comme morts au
» pied de l'envoyé du
» Très-Haut.

Récit en dialogue.

(d) Joan. (d) *Maria autem ftabat*
ad monumentum foris
plorans. Dùm ergo fleret,
inclinavit fe, & profpexit
in monumentum, & vidit
duos Angelos in albis,
fedentes, unum ad caput

« Marie, ayant de-
» vancé fes compagnes,
» s'approche la premiere
» du Sépulcre. Elle n'y
» trouve point fon maî-
» tre. Un torrent de
» larmes à l'inftant dé-
» cele

» céle sa douleur. Elle
» n'en croit cependant
» point ses yeux, elle
» regarde, puis regarde
» encore dans la grotte
» du monument, quand
» tout-à-coup deux An-
» ges éblouissans, placés
» l'un à la tê e, l'autre
» au pied du tombeau,
» frappent ses regards
» étonnés ».

& unum ad pedes, ubi positum fuerat corpus Jesu.

(5) T R I O.

(Ils lui disent.)	(Dixit eis.)	(Chœur chantera les gardes en même-temps que le trio, & à part).	(Dicunt ei illi.
« Pourquoi versez-» vous des pleurs? ——— » Ils ont enlevé » mon maître, où le trou-» verai-je? En quel lieu » l'ont-ils posé?	Quia tulerunt Domi-num meum, & nescio ubi po-suerunt eum.	Dixit: post tres dies re-surgam.	Mulier, quid plo-ras?

(Les gardes se réveillant, disent en tremblant, & à part).

« O surprise! ô terreur! » il est ressuscité!

C

SECONDE PARTIE
DU MOTET.

RÉCITATIF.

Hæc cùm dixiſſet, converſa eſt retrorſum. (d) Surgens autem Jeſus, apparuit Mariæ Magdalenæ, & vidit Jeſum ſtantem, & neſciebat quia Jeſus eſt.

(d) Joan.

« Comme Madeleine diſoit ceci, elle » tourne ſes pas vers le » jardin. Au moment où » elle y entre, Jeſus lui » apparoît , & elle le » voit ſans le recon- » noître ».

(1) DUO.

(Dixit ei Jeſus).

(d) Mulier..... quid ploras ? Quem quæris ?

(d) Joan.

(Illa exiſtimansquia hortulanus eſſet, dicit ei).

Domine, ſi tu ſuſtuliſti eum , dicito mihi

(Jeſus lui dit).

«Pourquoi pleurez-vous? » Qui cherchez-vous ?

(le prenant pour le maître du jardin, elle lui dit).

« Si vous l'avez en- » levé, dites-moi donc,

» ah! dites-moi, où vous
» l'avez posé, dites-moi
» où je pourrai le trou-
» ver ».

ubi posuisti eum, & ego eum tollam.

(*Alors Jesus prenant le ton de voix qui étoit connu de Marie, lui dit*) :

(Dixit ei Jesus) :

« Marie. . .

Maria. . . .

(*A ce mot, elle se retourne & se précipitant à ses pieds, elle lui dit, avec les transports de la joie la plus vive*).

(Conversa illa dicit ei).

« Ah! mon maître !
» mon cher maître! quoi!
» j'ai revu encore mon
» Seigneur, mon Dieu.

(d) *Rabboni... Rab-boni... Rabboni... Vidi Dominum.*

(d) Joan;

(*Comme elle embrassoit ses pieds & qu'elle ne les quittoit point, Jesus lui dit*) :

(Dicit ei Jesus) :

« Laissez mes pieds,
» vous aurez le temps
» de revoir votre Ré-
» dempteur. Je ne suis
» point encore remonté
» vers mon Pere. Allez
» annoncer à mes Freres,
» que je vais aller vers

(d) *Noli me tangere, nondùm ascendi ad Pa-trem meum: vade autem ad Fratres meos, & dic eis : ascendo ad Patrem meum, & Patrem vestrum, Deum meum & Deum vestrum.*

(d) Joan;

» mon Pere, qui eſt votre
» Pere, vers mon Dieu,
» qui eſt votre Dieu ».

(*Dixit ei Jeſus*).	(*Illa dicit ei*)
Noli me tan-gere, nondùm aſcendi ad Pa-trem meum : vade ad Fra-tres meos, & dic eis : aſcen-do ad Patrem meum.	Rabboni.... Rabboni.... Vidi Domi-num, vidi Do-minum meum.

TROISIEME PARTIE DU MOTET.

RÉCITATIF.

« CEPENDANT les » autres femmes, cons- » ternées de n'avoir point » trouvé le corps de » Jesus, étoient rentrées » dans le vestibule du » Sépulcre : tout-à-coup » elles virent paroître » auprès d'elles deux » hommes, dont les vê- » temens rendoient un » éclat très-vif. Elles fu- » rent saisies de crainte ; » &, comme la frayeur » leur faisoit baisser les » yeux vers la terre, un » de ces envoyés céles- » tes, leur dit, au nom » des deux » :

(1) *ET factum est, dum mente consternatæ essent mulieres de isto, ecce duo viri steterunt secùs illas in veste fulgenti ; cum timerent autem, & declinarent vultum in terram, dixerunt Angeli ad illas :*

C 3

(2) A I R.

(a) Matth.
(b) Macr.

(a) *Nolite timere vos ,*
(b) *nolite expaveſcere :*
Jeſum quæritis Nazare-
num crucifixum. Quid
quæritis viventem cum
mortuis ?

(a) Matth.

(a) *Non eſt hîc : ſur-*
rexit enim ſicut dixit.
Nolite , &c.

» Ne craignez rien ,
» vous cherchez Jeſus de
» Nazareth qui a été cru-
» cifié. Pourquoi cher-
» cher parmi les tom-
» beaux, celui qui vient
» d'en franchir la bar-
» riere ? Il n'eſt point ici.
» Il eſt reſſuſcité.

(3) C H Œ U R.

(Ici le peuple Saint s'abandonne à tous les tranſports
de ſa joie).

(a) Matth.

Surrexit enim ſicut
dixit ; (a) ecce quidam
de cuſtodibus venerunt in
civitatem & nuntiave-
runt principibus Sacerdo-
tum, omnia quæ faſta
fuerant. Regina Cœli, læ-
tare, quia quem meruiſti
portare, reſurrexit ſicut
dixit,ora pro nobis Deum,
alleluia. . .

(a) Matth.

(a) *Surrexit ſicut dixit*
ſurrexit, ſurrexit.

« Il eſt reſſuſcité com-
» me il l'avoit promis.
» Ses plus grandes enne-
» mis eux-mêmes , les
» gardes que la haine
» la plus déterminée
» avoit placés auprès de
» ſon tombeau, pour en
» rendre l'entrée inaccef-
» ſible & empêcher toute
» ſurpriſe, ſont les pre-
» miers qui en portent
» la nouvelle à Jéruſa-
» lem , & qui font aux

» Princes des Prêtres le récit de toutes les cir-

» conftances qui ont accompagné le prodige de
» cette réfurrection. O toi , vers qui s'empreffe
» aujourd'hui la Cour célefte, Souveraine des
» Cieux, réjouis-toi : c'eft aujourd'hui le jour
» de ton triomphe; c'eft aujourd'hui, que celui
» qu'ont porté tes entrailles, a brifé les portes
» du trépas. Adreffe - lui nos vœux, que notre
» encens par toi monte jufqu'à fon trône. Ré-
» jouiffons-nous . . . il eft reffufcité. . . . il eft
» reffufcité. . . ».

FIN DU MOTET.

REMARQUES

SUR

LA PREMIERE PARTIE

DU MOTET.

Page 30. *Nous n'avons point oublié l'audace de cet impofteur....*

(1) CE Chœur de fituation débutera par un trait fombre, deftiné à peindre l'efpece d'effroi dont les foldats ne peuvent d'abord fe défendre ; enfuite, il fe dégradera fur un autre trait, qui aura le caractere de la menace, qui fe rallume graduellement parmi eux ; & tout-à-coup précipitant fon rhythme, il prendra la teinte de l'audace la plus effrénée.

Page 31. *Marie-Magdeleine, Marie, mere de Jacque....*

(2) Rien de particulier fur ce récitatif,

ni fur le récit qui fuit, fi ce n'eft que le Compofiteur s'eft attaché à réveiller l'idée des ténebres de la nuit, lorfqu'il arrive au *Cum adhuc tenebræ, &c.* & à peindre le lever du Soleil à l'*Orto jam Sole.* Il a cependant effayé de donner à ce morceau une teinte générale de fenfibilité.

Mais cette pierre énorme qui ferme l'entrée Page 31. *du Monument....*

(3) Ce *Trio* de fituation peindra l'inquié- tude, « L'inquiétude friffonne fouvent; fa » démarche eft incertaine & vacillante; elle » héfite, elle s'arrête, comme pour exami- » ner; elle avance, & tout-à-coup elle » s'enfuit précipitamment; elle porte l'em- » preinte de l'attention; elle écoute le bruit » le plus léger; &, à chaque fon nouveau » qu'elle entend, elle treffaille ou recule » en frémiffant » (a).

L'Artifte croira fuivre tous ces mouve-

(4) M. de la Cepede, Poétique de la M.

mens, en s'y prenant de cette maniére:
fon Orcheſtre exprimera le friſſonnement
par des fons rapides, qui fe taiſent & re-
commencent ſouvent, en laiſſant entr'eux
des intervalles ſenſibles.

Il a auſſi fait tous ſes efforts pour que
l'effet de ce morceau influât ſur le ſuivant.

Page 32. *Au même inſtant, un bruit ſourd & terrible*
ſe fait entendre.....

(4) La Muſique, dans ce Chœur de deſ-
cription, tâche de donner l'idée d'un grand
tremblement de terre, qui ſe fait ſubite-
ment; &, pour cela, un bruit ſourd &
inattendu, deſtiné à trancher fortement ſur
tout ce qui précede, ſe fait entendre par
gradation ſur la note finale du *Trio*.

Ce même bruit continue dans le fond
du tableau, tandis que ſur le premier plan,
les premiers Violons & les Baſſes font entendre l'*uniſſon* le plus impoſant que l'Artiſte ait pu trouver. Son intention a été que
ce trait ſemblât ébranler tout le corps d'har-

monie. Enfin, quand le Compoſiteur, par les Fanfares des Trompettes & de tous les Inſtrumens à vent réunis, après le *Revolvit lapidem*, a ajouté à cet endroit du tableau tout ce qu'il a pu trouver de frappant ; cette commotion d'orcheſtre ceſſe tout-à-coup pour faire place à une harmonie plus douce, plus tranquille, & aſcendante en même-temps, deſtinée à préſenter l'Image du Rédempteur, qui s'éleve triomphant de ſon tombeau.

Après cela, le Compoſiteur faiſant partir bruſquement & ſans ritournelle l'*Allegro* du Chœur ſur les paroles *Præ timore, &c.* tâche de peindre, par des traits rapides & multipliés dans les Inſtrumens aigus, par un déſordre continu dans les Inſtrumens graves, par des plaintes réitérées dans les Baſſons, la foudre que les gardes apperçoivent dans les yeux de l'Ange, qui en laiſſe échapper des éclairs vifs & répétés ; & la crainte, la terreur qui s'empare d'eux. Enſuite tout ce groupe de Muſique va ſe fondre dans des tons ſourds & contenus, pour donner l'image du *Facti funt velut mortui ;* « ils resterent comme morts ».

C'est dans ce morceau que le Musicien a eu besoin de toutes les ressources de l'harmonie. C'est sur-tout à l'endroit du tremblement de terre que sa mélodie n'a pu tirer sa puissance que de cette harmonie, qu'un Ecrivain célebre a semblé cependant vouloir rabaisser, lorsqu'il dit, dans un endroit de son Dictionnaire de Musique, que si elle étoit dans la nature, les Grecs, dont les organes étoient plus sensibles que les nôtres, l'auroient trouvée avant nous, vu qu'ils ont perfectionné presque tous les Arts. Seroit-il permis de répondre que les Anciens, qui avoient trouvé les bas-reliefs, n'avoient cependant pas trouvé l'art de la perspective ? Nous l'avons trouvé. Seroit-il permis de répondre que ces Anciens qui avoient trouvé le secret de graver sur le marbre & sur le bronze leurs loix & leurs inscriptions, n'avoient pas trouvé cependant celui de graver sur le cuivre leurs plus excellentes peintures, quoique l'un dût indiquer

l'autre ? Mais cette découverte étoit réservée
aux Modernes & au temps du renouvelle-
ment des Arts ; par la raison qui découle
de celle-ci, ces mêmes Anciens ont trouvé
la mélodie, & n'ont cependant pas décou-
vert l'harmonie, quoique l'une dût indiquer
l'autre ; cette heureuse découverte étoit aussi
réservée aux siecles postérieurs, où les Arts
ont semblé naître de nouveau.

Si l'on objecte que ce même Philosophe
a semblé quelquefois douter de la vérité
de notre harmonie, vu qu'une corde sonore
n'a jamais donné, outre le son principal,
que son octave, sa douzieme & sa dix-
septieme, & qu'elle n'a jamais indiqué les
dissonnances ; ne peut-on pas objecter, à
son tour, que la Nature ne peut pas nous
donner une piece de Musique toute faite,
selon les regles de l'Art ; c'est bien assez
qu'elle nous en indique la source, en pro-
duisant l'accord parfait. D'ailleurs, si l'on
en croit un homme de beaucoup d'esprit,
dont il vient de paroître un Traité d'Harmonie, traduit de l'Italien, les dissonnances

mêmes font, en quelque forte, fondées fur
la Nature, par les émotions qu'elle nous
caufe.

» *L'on aime à être ému, dit cet auteur, le*
» *fût-on avec une légere douleur* ».

Combien d'autres Arts, qui ne font pas
auffi fondés fur elle ? Qu'on la confulte, elle
ne dira point qu'il faut rimer pour faire des
vers françois ; qu'il faut des émiftiches au
milieu des grands vers ; qu'il faut tel ou
tel nombre de fyllabes pour remplir ces
vers ; qu'il faut des dactiles, des fpondées,
des trochées, &c. pour faire des vers grecs
ou latins. C'eft bien affez qu'elle nous dife
que ce bel ordre de fyllabes produit en
nous des fenfations agréables. Et, dans ce
cas, combien notre harmonie n'en produit-
elle point ?

Que l'on prenne un homme dans la nature brute, un habitant de nos hameaux,
par exemple, & qu'on lui faffe entendre
une piece brillante de notre Mufique, ne

le voyez-vous pas tranſporté? ne lui voyez-
vous pas l'oreille attentive, la bouche
béante, l'attitude contrainte pendant l'exécution entiere de ce morceau. Si on le finit,
il *finira* par s'écrier : *Oh! que c'eſt beau!*
Pénétrez au fond de ſon ame dans ce moment, y démêlez-vous en même-temps,
& le chagrin de ne le plus entendre, &
le deſir ardent qu'on le recommence? Au
lieu de le lui faire entendre une ſeconde
fois, eſſayez d'exécuter une Muſique toute
à l'uniſſon ; elle n'eſt plus pour lui qu'une
choſe commune & peu intéreſſante : vous
le voyez ſe refroidir ; ſon attention, il n'y
a qu'un inſtant, captivée toute entiere, ſe
partage ; ſes ſens, qui, tous ſembloient être
arrêtés dans ſon oreille, rentrent maintenant dans leur ordre ordinaire ; d'autres
objets attirent ſes yeux ; il n'écoute plus.

Ce n'eſt pas que l'*uniſſon* des anciens
ſoit à rejetter ; nous avons, au contraire,
beaucoup gagné dans la derniere révolu-
tion de la Muſique, de le marier avec notre
ſyſtême moderne. Il produit, par fois, les

effets les plus frappans. L'Artiste y a eu recours dans l'*Ecce terræ motus factus est magnus*; ce qui lui auroit été impossible de faire avec le petit concours d'Exécutans qu'il y avoit autrefois à N. D.; car il est démontré que vouloir peindre avec de la Musique sans symphonie, ce seroit vouloir copier avec une seule couleur, & une couleur très-pâle, les tableaux du *Titien* ou de *Rubens*. Il existe la même différence entre une Musique à orchestre & une autre dénuée de cet avantage, qu'il y a entre un beau tableau & son estampe.]

J. J. n'auroit-il pas publié son doute sur l'harmonie, pour laquelle il étoit passionné, dans l'intention d'aiguillonner quelques gens de génie, & de les exciter à éclaircir ce doute, en les forçant d'ajouter aux preuves qu'on a données jusqu'ici à notre systême d'harmonie? Cela seroit à souhaiter; &, dans ce cas, il auroit eu raison: mais il y a apparence que nous attendrons long-temps après ces preuves. D'ailleurs, quand le raisonnement ne nous donneroit

que

que de très-foibles preuves qu'elle existe
dans la Nature , le sentiment qui ne se
trompe point nous le prouve assez. Eh!
que nous importe le reste, saisissons toujours
cette précieuse découverte. Puisque le sentiment nous sert de preuve, laissons au ha-
sard la découverte de la preuve de ce sentiment , & quand il l'aura trouvée , notre
harmonie sera encore la même.

Marie, ayant devancé ses compagnes, s'ap- Page 32.
proche la premiere du sépulcre....

(5) Si les Connoisseurs trouvent dans ce
dialogue de description le caractere qui lui
convient ; s'ils y reconnoissent le ton de
Magdeleine , qui, déja alarmée de n'avoir
point trouvé le Corps de Jesus, augmente
encore sa douleur par le souvenir touchant
des préceptes pleins de douceurs que lui
dictoit son divin Maître; s'ils y entendent
une mélodie plaintive & attendrissante; s'ils
y découvrent des contrastes, des demi-
teintes, des clairs obscurs; s'ils y voient

D

que le Compositeur s'est efforcé d'y faire graduer le sentiment, & de ne le suspendre souvent que pour tirer avantage de cette suspension, son objet sera rempli. On pourra y remarquer que l'Artiste a eu l'intention de prendre une maniere dont nous n'avons d'abord reçu les leçons que dans l'École Allemande & Italienne.

Ce n'est pas qu'il veuille ici déprimer l'ancienne Musique Françoise. *Marot* & *Montaigne* nous ont dit d'aussi bonnes choses dans un vieux style, que *Boileau* & *la Bruyere* dans le leur. Il en est de même de la Musique : *Lulli*, *Rameau*, *Mondon-ville*, ont eu d'aussi bonnes intentions que les *Glucks*, les *Piccini*, les *Sacchini*, les *Grétry*, les *Gossec*, &c. La seule différence est dans la tournure du langage, jointe à de plus grands moyens de peindre. Ce n'est pas non plus que le Compositeur veuille se comparer à ces Maîtres célebres; il se croit encore trop éloigné de la route qu'ils ont tenue pour arriver au sanctuaire que leur a élevé leur génie créateur.

(6) L'Artiſte s'efforce ici de montrer qu'il s'eſt ſouvenu que la premiere tâche du Compoſiteur, pour émouvoir les aſſiſtans, eſt d'être ému lui-même. *Imagines rerum quiſquis bene conceperit, is de affectibus potentiſſimus.* Quintilien avoit bien ſenti que celui qui eſt touché intérieurement, a dans ſes tons, je ne ſais quoi de pathétique ; au lieu que celui qui ne le ſeroit pas & qui voudroit paroître l'être, auroit je ne ſais quoi de glacé dans ſes exclamations, qui décéleroit ſa fauſſeté.

> *. . . Si vis me flere, dolendum eſt*
> *Primùm ipſi tibi.*

« Si vous voulez m'arracher des larmes, » dit Horace, commencez par en verſer » vous-même ».

Ceci eſt applicable non-ſeulement au Compoſiteur, mais aux Chanteurs qui exécutent ſa Muſique ; & il faut leur rendre cette juſtice, qu'ils ſe ſont toujours ſouvenus

D 2

que des affiftans fe préviendroient facile-
ment contre un exécutant qui, par les
paroles de fon air, fembleroit dire : *Je fuis
ému* ; & qui, par fon ton, diroit le contraire. Que devroit-on penfer effectivement
d'un Chanteur, qui, n'ayant que de l'art,
voudroit nous faire éprouver des fenfations qu'il n'éprouveroit pas lui-même. Ne
feroit-ce pas-là le cas d'affurer *qu'il ne dit
pas ce qu'il penfe?* mais on n'a pas ce re-
proche à faire à ceux qui ont rendu les
ouvrages du Maître de Chapelle de Notre-
Dame ; ils ont prouvé, au contraire, qu'ils
fe fouvenoient de ce que dit Quintillien,
lorfqu'il nous apprend que les Chanteurs
célebres de fon temps avoient encore les
yeux mouillés, même quand ils avoient
fini de rendre quelques morceaux pathétiques. *Vidi ego fæpe cantores, cum ex aliquo
graviore actu perfonam depofuiffet, flentes
adhuc egredi.*

La Mufique, par la magie de fes effets,
peut peindre tout en quelque forte, par
exemple, les ténebres d'une nuit muette,

l'éclat d'un jour serein, le fracas horrible d'une tempête, le calme heureux qui la suit, l'horreur d'une prison souterreine, la fraîcheur d'un bois sombre. Comme elle peut faire entrer, sans contrainte, dans le cours de ses airs, les *élevés*, les *baissés*, les *précipités*, les *retenues*, les silences même de la déclamation, elle peut donner l'idée de toutes les situations. Mais, ce qui est sur-tout de son ressort, ce sont les sentimens qui ont le plus d'intimité avec le cœur humain; aussi est-ce dans ce *trio* que l'Artiste s'est efforcé d'en démêler toutes les nuances, de suppléer même à ce que les paroles ne disent point.

Il s'est souvenu que les Peintres habiles dessinent leur figures sur un fond qui les fait ressortir, & leur donne encore plus de prix. Si le Fils de l'Homme, par exemple, dicte au Peuple attentif les préceptes de sa morale sublime, quel effet ne produira point l'orgueil abaissé des Pharisiens, que l'on verra dans le fond du tableau, tandis que la noble simplicité du Rédempteur paroîtra fur le premier plan ? C'eſt pour cela que le Compoſiteur a deſſiné ce *trio* fur un chœur ſourd & *à parte*, où les gardes, à peine revenus de leur crainte, & couverts de confuſion, s'avouent entr'eux le triomphe de celui dont la gloire vient de les atterrer,] & que, l'inſtant d'auparavant, ils oſoient nommer ſéducteur.

REMARQUES

SUR

LA SECONDE PARTIE

DU MOTET.

Pourquoi pleurez-vous ? Si vous l'avez Page 36.
enlevé, &c.

(1) A LA premiere interrogation du Sauveur, le Muſicien tâche de ne faire entendre qu'une Muſique douce & tranquille, deſtinée à peindre le calme avec lequel le Rédempteur eſt cenſé parler en ce moment, & de rendre la réponſe de Magdeleine par des accens plus vifs. Peu-à-peu, il s'efforce de donner à ſa meſure, à ſon rhythme, un autre caractere que celui de l'interrogation, en ne faiſant ſortir de l'Orcheſtre ſanglottant, que des traits agités, plaintifs & entre-coupés.

D 4

Quand Jefus prononce *Maria*, l'Artifte
a l'intention de donner à la Mufique un
caractere majeftueux, en faifant taire tous
les inftrumens. Magdeleine, qui reconnoît
alors fon Maître, fon Dieu, s'écrie, avec
tranfport : *Rabboni !* & tout l'Orcheftre
rentre précipitamment, pour marquer la
furprife extrême de Marie. Sur les autres
Rabboni, le Muficien veut donner à fon
chant la teinte de l'empreffement & du ra-
viffement de Magdeleine, tandis que Jefus
conferve toujours fon ton de nobleffe & de
bonté, en lui difant : *Allez à mes Difciples,
& dites-leur que je fuis reffufcité.*

(*NB.*) L'Artifte ici, en faifant parler le Rédempteur, n'a pas employé la voix de B. T., comme
on l'a toujours fait dans les paffions en Mufique ;
mais celle de H. C. par les raifons qui fuivent.
Le Fils de Dieu, pour établir fa loi divine, n'a
point eu recours à la perfécution ni à la force des
armes, puifqu'il s'eft facrifié lui-même. Son caractere a toujours été auffi doux que fa morale pure
& élevée, qu'il enfeignoit encore plus par fon
exemple que par fes préceptes. C'eft cette dou-
ceur & cette fouveraine bonté, qui attiroient fur

ſes pas une foule de peuple empreſſé. C'eſt cette
énergique ſimplicité qui faiſoit goûter ſes leçons,
où l'amour des ſiens brilloit autant que ſa ſublime
ſageſſe. C'eſt cette grace touchante, qui répan-
doit ſur ſes inſtructions le charme qui faiſoit
rechercher ſes maximes élevées, ſes diſcours où
l'on reconnoiſſoit des vérités ſi grandes, ſi frap-
pantes, qu'il étoit impoſſible de les entendre &
ne point s'avouer le cœur meilleur qu'auparavant.
C'eſt pour emprunter la couleur convenable à ce
caractere, que l'Artiſte a cru devoir mettre dans
la bouche d'une H. C. ce que le Rédempteur,
dans ce duo, dit à Magdeleine. Il a cru ne devoir
point employer la baſſe-taille, comme on s'en
eſt ſervi ſouvent en faiſant parler le Sauveur,
vu qu'il s'eſt ſouvenu que lorſqu'un Compoſiteur,
qui ſait garder les convenances, fait parler un
Roi puiſſant, un Monarque redouté, un tyran ſur-
tout ; il ſe ſert de la B. T. dont le caractere noble
& marqué eſt le plus propre à réveiller l'idée
de ces perſonnages.

Ce n'eſt pas qu'en employant la voix de H. C.,
il ne ſe ſoit efforcé de lui prêter des inflexions
où l'on puiſſe reconnoître autant de nobleſſe
que de bonté. Il a tâché même que le ton du
Rédempteur différât tellement de celui de Marie,
qu'elle ſemble ne vouloir prolonger les inſtans où
elle eſt avec ſon Dieu, que pour reſſentir plus

long-temps le charme d'être accablée fous les rayons
qui partent de fon front majeftueux.

Comme le Compofiteur ne marche encore qu'en
tremblant dans le fentier que ce nouveau projet
lui a frayé, n'aura-t-il pas raifon de demander
ici à M. de la Cépede, fi c'eft-là l'idée qu'on
peut fe former de la Mufique d'Eglife, pour laquelle malheureufement l'émulation, en France,
n'a jamais été auffi grande que pour la Mufique
dramatique. Effectivement, plufieurs maîtres de
Chapelle ont eu befoin d'être tourmentés par leur
génie, pour parvenir au point où ils font arrivés,
& produire des ouvrages où ils ont fu joindre
une maniere vigoureufe de faire, à des intentions
toujours bien remplies. Témoins plufieurs Motets,
& fur-tout le *Deus nofter*, dont M. l'Abbé d'Hau-
dimont a lieu de fe glorifier. Témoins plufieurs
belles pieces de MM. Mathieu & le Preux.

Le Compofiteur oublieroit-il ici M. *Giroult*,
dont le *Super flumina* & plufieurs fuperbes Motets
lui ont acquis fa jufte réputation, & ont montré,
dans ce Compofiteur diftingué, autant d'art que
de génie ? Oublieroit-il M. *Dugué*, dont *l'In exitu*,
le *Laudate Dominum*, le *Regina Cæli*, *l'In conver-
tendo*, &c., prouvent que ce Compofiteur poffede
parfaitement fon art ? Rien ne l'empêchera jamais
de leur rendre juftice. Il n'a aucuns motifs d'être
auffi économe de louange à leur égard, qu'ils
le font envers lui.

Suam cuique laudem semper tribuit securitas, nun-
quam timoris anxietas (1).

Puisque la Musique d'Eglise, dira-t-on, n'a pas
été encouragée ; qu'on s'est contenté des ouvrages
de plusieurs maîtres, où l'on ne cherchoit point à
découvrir un caractere propre à chaque fête,
pourquoi, dira-t-on encore, ne pas marcher sur
la même voie & ne pas attendre, pour se frayer
une nouvelle route, que les maîtres célebres, que
ceux qui portent la lumiere dans les arts, que ceux
enfin, à qui il appartenoit d'ouvrir cette carriere,
l'eussent indiquée ? Mais ne peut-on pas répondre,
qu'il n'est jamais déplacé de ne point ressembler
à celui qui, différant de bien vivre, faisoit comme
ce Villageois dont parle Horace, qui, ayant trouvé
un fleuve sur son passage, attendoit bonnement
de le voir écouler pour passer au-delà ?

...*Vivendi qui recte prorogat horam;*
Rusticus expectat dùm defluat amnis ; at ille
Labitur, & labetur in omne volubilis ævum.

---

(1) Fragm. Sen.

REMARQUES

SUR

LA TROISIEME PARTIE

DU MOTET.

Page 37. *Cependant, les autres femmes consternées...*

(1) LE Compositeur ne s'est point arrêté
sur ce morceau ; il s'est ressouvenu que,
dans les Arts, tout ne doit point être également soigné ; *nolo nimiùm, bellè & festivè,*
a dit Ciceron. En étudiant les tableaux des
grands Peintres, l'Artiste a cru y appercevoir que, souvent ils se permettoient des
négligences adroites dans de certaines parties, pour rendre les autres plus saillantes ;
qu'ils laissoient même des fautes que désa-
vouoient les principes des Arts, mais que
ne désavouoit pas cependant ce qui per-

fectionne les Arts ; *le goût*. Il s'eſt rappellé d'avoir lu dans Séneque, que le génie peut avoir ſes négligences : *Multa donanda in-geniis puto, ſed donanda vitia, non por-tenta.* Il a cru ce même Séneque, lorſqu'il lui a appris, dans un autre endroit, qu'il y a un point fixe dans tous les Arts, qu'il eſt auſſi mauvais d'excéder que de ne point atteindre. Ciceron va plus loin ; il prétend même, qu'il vaut mieux ne le point attein-dre que de l'excéder : *Et ſi ſuus cuique rei modus eſt, tamen magis oſtendit nimium, quam parum.* Effectivement, ſi une piece de Muſique eſt toujours brillante ; ſi le Com-poſiteur n'abandonne jamais la trompette qu'il aura d'abord embouchée ; s'il prétend ne mettre aucune interruption dans les ſen-ſations qu'il veut faire éprouver aux aſſiſ-tans ; s'il ne met point de temps en temps des repos ; s'il ne place point des ombres, & des endroits plus effacés pour donner plus de relief à ceux ſur leſquels il s'efforce de fixer l'attention, bientôt l'Auditeur ſe refroidit, ſe fatigue ; bientôt, par trop d'intérêt, il n'eſt plus intéreſſé ; bientôt il n'écoute plus.

C'eſt donc pour cela qu'il eſt prudent d'écouter les conſeils judicieux du même Ciceron, lorſqu'il nous apprend qu'une négligence même peut être pleine de grace : *Negligentia quædam diligens.* C'eſt pour cela qu'une Muſique, où l'on aura pu s'en tenir à ce principe, pourra avoir plus de ſuccès qu'une autre où l'on ne l'aura point obſervé. Elle reſſemblera, dit encore Ciceron, à ces perſonnes dont l'aménité répand autour d'elles tant de graces que, même, ſans atours, elles ſont plus ſûres de plaire que d'autres revêtues des plus riches, des plus ſomptueux habillemens. Ce n'eſt pas que le Compoſiteur prétende avoir rempli les vues de Ciceron ; mais, du moins, il a fait tous ſes efforts pour ſe conformer à ſes principes.

Page 38. *Ne craignez rien, vous cherchez Jeſus...*

(2) Le Compoſiteur s'eſt attaché à donner à ce morceau la couleur tendre qui lui

convient. Il n'a point confulté les regles
théoriques, mais ces regles du fentiment,
ces regles que l'on puife dans le feul inf-
tinct de la Nature, qui donne la vie à tous
les beaux Arts. Il a tâché de fe fouvenir
que la Mufique fans chant n'eft plus de la
Mufique, comme la Poéfie fans rhythme
& fans harmonie, n'eft plus de la Poéfie;
il a tâché de fe fouvenir que la Mufique
chantante ne femble, comme la Poéfie har-
monieufe, s'éloigner de la Nature que pour
en tirer de plus grands moyens d'imitations.
L'Artifte, pour donner à ce morceau le ton
mélancholique que les paroles requerrent,
a fait dialoguer fon chant avec le cor, dont
il a choifi les cordes qui réveillent le plus
le ton de fenfibilité convenable au perfon-
nage.

Un homme de beaucoup d'efprit a eu
raifon de définir le chant, *l'art de faire*
fervir le plaifir de l'oreille à l'intérêt du
cœur. Effectivement, plufieurs perfonnes
ont eu tort de prétendre que le cœur
ne pouvoit entrer pour rien dans le plaifir

de l'oreille ; on pourroit leur répondre
(avec l'Auteur que je cite), « que ce qui
» plaît à l'oreille, est plus près du cœur
» que ce qui la blesse ; & c'est dans les
» arts une vérité de sentiment qui ne se
» prouve pas. Ces deux sensations ne sont
» pas en concurrence , elles n'en forment
» qu'une seule. Une comparaison rendra
» cela plus sensible. Otez le rhythme, l'har-
» monie , la rime , même des tirades de
» Racine , mettez-les en prose , feront-elles
» le même effet ? auront - elles la même
» expression ? Mais , dira-t-on , il y a des
» morceaux de prose aussi touchans que
» les tirades de Racine. Loin de conclure
» contre notre sentiment , cela sert de
» preuve. Ces morceaux touchent par un
» art très-analogue à celui de la Poésie ,
» quelquefois par les mêmes moyens ,
» employés sous un autre forme : l'har-
» monie du style, par exemple , n'a-t-elle
» pas d'ordinaire la plus grande part à
» leur effet ? Le rhythme , la cadence ,
» l'harmonie, la rime même , entrent donc
» pour

» pour quelque chofe dans le pouvoir de
» la Poéfie fur le cœur ? Des chofes faites
» directement pour l'oreille, vont donc au
» cœur ? Il me femble que, fi cela eft vrai
» en Poéfie & en Profe, cela l'eft *à fortiori*
» en Mufique, où l'oreille eft le feul organe
» qui reçoive les impreffions de l'art, im-
» médiatement & fans partage, le feul
» auquel elle foit directement deftinée ».

Il eft reffufcité comme il l'avoit promis....

(3) L'intention du Compofiteur a été, que
tous les morceaux du Motet vinffent fe peindre & fe réfléchir dans ce dernier Chœur.
Pour lui donner le caractere de la gaieté la
plus vive, il a cru devoir y introduire le
Regina Cæli, lætare, dont le plain-chant eft
le plus propre à réveiller l'idée d'un peuple
immenfe qui s'abandonne à tous les tranf-
ports de fa joie.

Il s'eft efforcé, dans ce Motet, d'obferver
la gradation particuliere de chaque morceau, en même-temps que la gradation

E

générale de la piece. Son intention a été,
que les Airs, les *Duo*, *Trio*, *Récitatifs*
& *Chœurs*, fuſſent tellement fondus dans
un enſemble Muſical, qu'ils tendiſſent à
former l'unité de ſujet, l'unité de ſtyle,
l'unité de convenance.

Si les Chabanons, les la Cépede, &
ceux qui, comme eux, ſentent la Poéti-
tique de la Muſique, y voient que le Compoſiteur a eu l'intention que tous les group-
pes particuliers fiſſent d'abord reſſortir ce
qui les entoure, & finiſſent par former un
grouppe total ; s'ils y découvrent qu'il a eu
le deſſein de faire graduer les ſenſations des
aſſiſtans, juſqu'au moment où la Muſique
arrive au centre ; s'ils y découvrent qu'il
a voulu que les Auditeurs apperçuſſent,
de ce point central, toutes les parties de
l'ouvrage, qui ſe réuniront alors pour leur
faire éprouver à-la-fois, les différens mou-
vemens qu'elles leur auront fait ſentir en
détail, il aura rempli ſon objet.

Fin des Remarques du Motet.

PLAN

DE LA MUSIQUE

Exécutée à la Messe du jour de Páques.

OBJET UNIQUE DE CETTE MUSIQUE.

RESURREXIT.

IL EST RESSUSCITÉ.

OUVERTURE.

Pendant que le Pontife s'avance vers le Sanctuaire du Saint des Saints, l'ouverture débute par faire entendre le plain-chant

de l'Antienne Paschale, *Hæc dies quam fecit Dominus, exultemus & lætemur in eâ.* « Il
» est enfin arrivé ce grand jour, que le
» Seigneur a fait ; réjouissons-nous, livrons-
» nous aux transports de la plus vive allé-
» gresse ». Quand la Musique arrive à l'*Exal-
temus*, l'Orchestre, changeant tout-à-coup
de rhythme, prend un motif beaucoup plus
gai.

Le Musicien a eu le dessein de donner
l'image de l'Univers, qui semble, au temps
paschal, ressusciter avec son Créateur,
pour applaudir à sa gloire & à son triomphe.
A cet effet, l'Orchestre, par l'organe des
seconds Violons & Altos, produit alors des
traits coulés, onduleux & un peu sourds,
destinés à imiter ces eaux, qui, arrêtées
pendant les rigueurs de la saison précé-
dente, semblent aujourd'hui sortir de leur
prison, ou plûtôt de leur tombeau, & re-
prendre un doux murmure, pour rendre
leur tribut d'hommage à la Résurrection
de leur Auteur. Dans un autre coin du
tableau, les Flûtes, par un rhythme cadencé,

font deftinées à fuggérer l'idée du cantique des habitans des airs, qui, muets pendant l'hiver, répondent maintenant au murmure de ces eaux, & rendent auffi leur tribut d'hommage au Créateur.

En un mot, le Compofiteur s'eft étudié à emprunter une harmonie douce, fans diffonnance, femée, au contraire, d'accords parfaits en tenue, & dans le plein de chaque Inftrument. Par cette teinte générale jettée fur fon tableau, il veut réveiller l'idée de la renaiffance d'un jour, où toute la Nature femble faire entendre une harmonie plus belle, plus pleine, plus majeftueufe, d'un jour enfin où la main de l'Eternel femble avoir écrit dans tous les endroits de l'Univers : *Le Fils de l'Homme eft reffufcité.*

PREMIERE PARTIE.

DESCRIPTION DE LA RÉSURRECTION.

1°. *Circonstances qui ont précédé immédiatement l'accomplissement de la Résurrection.*

L'OUVERTURE va se fondre sur le plain-chant de ces paroles de l'Ecriture : *Penetrabo omnes partes inferiores terræ ; & inspiciam omnes dormientes, & illuminabo omnes sperantes in Domino.* « Je m'ouvrirai un
» chemin dans le sein de la terre, & en
» pénétrerai les endroits les plus profonds.
» J'y visiterai les justes qui sommeillent dans
» le repos du Seigneur ; j'y visiterai ceux
» qui, sur lui, ont fondé tout leur espoir,
» & les éveillerai en les frappant des rayons
» de la lumiere céleste ».

L'intention du Compositeur a été de peindre la descente du Rédempteur dans le lieu que la tradition avoit appellé *les Limbes*. Sur la fin de ce plain-chant, on a fait entrer les premiers *Kyrie*, dont la Musique douce & entre-coupée est destinée à peindre le tressaillement de ces justes, à la vue du Rédempteur qui vient les délivrer.

PREMIERS *KYRIE*.

CHŒUR.

Quoi! c'est vous, Seigneur!	*Kyrie, eleison,*
Ah! daignez, daignez nous délivrer!	*Kyrie, eleison,*
Ayez pitié de nous, daignez nous délivrer.	*Kyrie, eleison.*

DUO.

Christ, ayez pitié de nous,	*Christe, eleison,*
Ayez pitié de nous,	*Christe, eleison,*
Ayez pitié de nous.	*Christe, eleison.*

Sur les derniers *Kyrie*, l'Artiste a composé une fugue, dont le dessein est pris sur la première partie du plain-chant adapté,

E 4

par l'Eglife , au Répons qui finit le troifieme Nocturne des ténebres du Vendredi-
Saint. En voici les paroles : *Chriſtus , novi
teſtamenti mediator , initiavit nobis viam
novam & viventem , per velamen , id eſt
carnem ſuam , in Introitum Sanctorum.*

On s'eſt attaché à ce que l'épiſode de
cette fugue fût un chant propre à faire fentir
la joie des juſtes qui fortent alors des Limbes
avec le Rédempteur.

Quand le Muſicien eſt arrivé à la derniere repriſe de fon deſſin , il fait entendre
dans les baſſes chantantes , tout le plain-chant
du Répons qu'il vient de citer ; & le chant
épiſodique qui s'eſt fait fentir en particulier
dans chaque modulation , eſt entendu alors
dans les voix fupérieures pendant ce même
plain-chant.

L'intention a été , que les Juſtes femblaſ-
fent dire alors :

C H Œ U R.

Kyrie , eleiſon ,   « Seigneur , ayez pitié
                                    « de nous .... Quoi !
                                    » le Rédempteur nous

» ouvre une nouvelle *Kyrie, eleison,*
» route où nous allons
» retrouver les four-
» ces de la vie ; quoi !
» fa clémence nous fait
» quitter ces lieux ,
» pour nous introduire
» dans le Sanctuaire des
» Saints. Nous allons
» donc entrer dans ce
» féjour où regne un   *Kyrie, eleison.*
» plein midi ; nous allons
» contempler face à face
» ce Soleil vivant, d'où
» part une lumiere éter-
» nelle. Etre des Etres !
» quel bienfait ! . . . .
» Quel fujet de recon-
« noiffance ! . . .

20. *Accompliffement de la Réfurrection.*

Il faut remarquer ici qu'on a appellé *les Vêpres* l'Office de la Veille, vu que, dans les premiers fiecles de l'Eglife, les Chrétiens, pour prier, s'affembloient dans le lieu Saint à l'entrée de la nuit qui précédoit la fête. Comme la portion des Fideles qui alloient à cet Office ne pouvoient fe trouver à celui du matin fuivant, l'Eglife faifoit revivre le lendemain les mêmes Prieres que la veille ; ou du moins l'objet de ces Prieres étoit à-peu-près femblable. C'eft la même chofe maintenant, fi ce n'eft que les heures font changées. C'eft pour cela que le Muficien n'ayant que le même objet à peindre, eft forcé de faire ici une feconde defcription de la Réfurrection.

A cet effet, par l'organe de l'Orcheftre, il rappelle une partie du *Trio* des faintes Femmes qui, le troifieme jour, partirent de grand matin de Jérufalem, pour venir embaumer le Corps de J. C. —— Ce *Trio*, qui a été entendu dans le Motet de la veille, eft le *Quis revolvet nobis lapidem ab oftio Monumenti* « Mais cette pierre énorme, » qui ferme l'entrée du Monument, qui » de nous ?.... qui pourra jamais la ren- » verfer » ? La peinture du tremblement de terre, au moment de la Réfurrection, fe retrace enfuite, ainfi que la crainte & la terreur des Gardes qui inveftiffoient le Tombeau.

3°. *Circonstances qui suivent l'événement de la Résurrection.*

Ce tableau fini, les Patriarches, les Prophêtes & les Justes de l'ancien Testament, qui, sortis des Limbes, font invisiblement le cortége du Rédempteur, au moment précis de sa Résurrection, chantent :

Traduction libre.

« Gloire à Dieu au » plus Haut des Cieux ; » & sur la terre paix aux » hommes de bonne » volonté. Nous vous » louons, nous vous bé- » nissons.

» Grand Dieu ! quel- » les louanges, quels » hommages, quelles » adorations ne vous de- » vons-nous pas ?
» Quelles actions de » graces te rendrons-nous » à cause de ta grande » gloire, ô Souverain » des Cieux ! ô Pere » Tout-Puissant !

SOLO ET CHŒUR.

Gloria in excelsis Deo; & in terra pax hominibus bonæ voluntatis.
Laudamus te, benedicimus te.

D U O.
Adoramus te. Glorificamus te. Laudamus te, laudamus te. Glorificamus te, glorificamus te.

Adoramus te. Gratias agimus tibi, propter magnam gloriam tuam, Domine Deus, rex cœlestis, Deus, Pater omnipotens.

Nota. Comme le Sauveur va faire ſes apparitions, l'Artiſte, pendant le Chœur des Juſtes,
fait entendre dans le fond de ſon tableau, le plain-
chant de la Proſe : *Surrexit Chriſtus ſpes mea,*
præcedet ſuos in Galilæam. « Celui qui eſt tout nôtre
» eſpoir , celui qui nous ſauve aujourd'hui, va
» au devant des ſiens dans la Galilée ». Puiſſent
les connoiſſeurs trouver, ſur le premier plan, un
chant ſuave, aërien, pittoreſque! le Muſicien ſera
plus que récompenſé de ſes longues veilles. Il
tâche d'introduire dans le *Duo* qui ſuit, les accens
déclamatoires propres à ces mêmes perſonnages.

Repriſe du Chœur.

On ſe ſouviendra que la premiere apparition
du Rédempteur a eu lieu en faveur de Marie
Magdeleine. C'eſt pour cela que l'Artiſte fait revivre
cet endroit du *Duo* de la veille, où elle s'entre-
tient avec lui. Le Baſſon rappelle d'abord le chant
de *Mulier quid ploras? Quem quæris?* « Pourquoi
» verſez-vous des pleurs? Qui cherchez-vous?
» Ce à quoi la Clarinette répond, par le chant
» de *Si tu ſuſtuliſti eum, dicito mihi ubi poſuiſti*
» *eum* ». Si vous l'avez enlevé, dites-moi donc,
ah! dites-moi où vous l'avez poſé. Le Baſſon
reprend enſuite le chant qui a été deſtiné la veille
à peindre le moment où Jeſus, prenant un ſon

de voix, qui étoit connu de Magdeleine, lui dit :
Maria. . . Ce fut alors, dit l'Historien Sacré,
qu'elle s'écria. . . *Rabboni* !. .« Ah ! mon Maître. . .
» Mon cher Maître ! . . . . »

C'eſt pour peindre cette ſituation énergique,
où Magdeleine ſemble, à travers ſon raviſſement,
demander au Rédempteur pardon de ſa mépriſe,
que le Muſicien lui fait dire l'air ſuivant :

A I R.

O vous qui êtes le Fils du Très-Haut, vous qui êtes l'Agneau de Dieu, la douceur par excellence, vous enfin, qui avez racheté, au prix de votre ſang, tout le genre humain, ah ! mon Maître ! mon cher Maître ! daignez écouter ma priere, ah ! daignez pardonner à mon erreur.	*Domine, Fili unigenite, Jeſu Chriſte, Domine Deus, Agnus Dei, qui tollis peccata mundi, miſerere nobis, qui tollis peccata mundi, miſerere nobis, qui tollis peccata mundi, ſuſcipe deprecationem noſtram.*

Nota. Puiſſe-t-on, dans ce morceau, reconnoître
non-ſeulement le raviſſement de Magdeleine, mais
encore les accens pathétiques qui conviennent à
ſa ſituation touchante ! Puiſſe-t-on la voir agitée,
transportée d'un ſentiment qu'elle éprouve, mais
qu'elle ne peut plus exprimer ! puiſſe-t-on la voir

s'interrompre, s'arrêter, faire des réticences, tandis qu'un Orcheftre, plus agité encore, parle pour elle ! Si on n'y apperçoit pas que le Compofiteur ait atteint fon but, puiffe-t-on y voir du moins que tel devoit être fon objet : il fe croira encore flatté de cette efpece de fuffrage, s'il eft donné par cette claffe de connoiffeurs qui favent tout appercevoir, qui favent découvrir jufqu'aux linéa-mens des beaux arts.

On reprendra le Chœur Aërien des Juftes, ac-compagnant toujours invifiblement J. C., qui vient de difparoître de devant Magdeleine pour aller faire d'autres apparitions. Et le *Surrexit Chriftus, fpes mea, præcedet fuos in Galilæam*, fe fait tou-jours fentir dans le fond du tableau.

Gloria in excelfis Deo, &c.	Gloire à Dieu, au plus Haut des Cieux, &c.

Il faut fe rappeller que le Rédempteur fit d'abord plufieurs apparitions à fes Apô-tres. Comme Thomas ne s'y étoit point trouvé, il ne crut point le rapport qu'on lui en fit, & dit hautement qu'il n'ajoute-roit foi à la Réfurrection de J. C., que lorfqu'il auroit touché fes plaies. Dans un autre moment, les Apôtres & les Difciples fe raffemblerent dans un même lieu, &

Thomas s'y trouva, quand le Sauveur parut au milieu d'eux.

L'Orcheſtre, pour donner l'idée de cette apparition, fait entendre un *uniſſon* impoſant ſur le plain-chant de l'Antienne qu'on chante après le *Magnificat* du jour de Pâques : *Cum ſerò eſſet die illo & fores eſſent clauſæ, ubi erant Diſcipuli congregati ; venit Jeſus, & ſtetit in medio, & dixit eis : Pax vobis.* « Dès le ſoir du troi- » ſieme jour, tous les Diſciples s'étoient » réunis dans le même endroit dont les portes » étoient fermées ; & cependant le Rédemp- » teur arrive, il paroît, il ſe tient au » milieu de l'Aſſemblée, & leur dit : *Que la* » *paix ſoit avec vous* ». Pour réveiller enſuite l'idée de ce que Jeſus dit à Thomas, l'Orcheſtre fait entendre le plain-chant de l'Antienne du *Benedictus*, qu'on chante dans l'Office de S. Thomas. *Vide manus meas, & aſſer manum tuam, & mitte in latus meum, & noli eſſe incredulus.* « Voyez mes » mains ; poſez les vôtres dans les plaies » de mon côté, & ne ſoyez point incrédule.

Quoique ce soit une espece d'anachronisme,
vu que l'apparition où étoit S. Thomas
ne s'est faite que huit jours après celle dont
il est question à l'Antienne du *Magnificat*
du jour de Pâques, l'Artiste a cru pouvoir
se le permettre, parce que, dans les Arts, le
rapprochement des événemens est permis,
quand il ne déroge pas à la vraisemblance.
Sur le plain-chant du *Vide manus meas, &c.*
on fait entendre, par l'organe d'une Clarinette, le prélude qui annonce la réponse
de Thomas, qui, reconnoissant son Maître,
s'écrie avec autant d'énergie que Magdeleine :

AIR.

Qui sedes ad dexteram Patris, miserere nobis. Quoniam tu solus sanctus. Tu solus Dominus. Tu solus Altissimus, Jesu Christe.

« O vous qui tenez la » droite du Père, par- » donnez-moi si j'ai été » incrédule; oui, Seigneur, » vous êtes le seul Saint, » le seul Très-Haut.

Sur la note finale de ce morceau, toute
l'Assemblée des Disciples s'écrie avec la
plus grande explosion :

CHŒUR.

Quoniam tu solus sanc-

« Oui, vous êtes le seul

» feul Sauveur du monde,	tus, tu *folus Dominus.*
» le feul Saint, le feul	tu *folus Altiffimus, Jefu*
» Seigneur, le feul Très-	*Chrifte, cum fancto Spi-*
» Haut, ainfi que le Saint-	*ritu in gloria Dei Patris.*
» Efprit. Ainfi foit-il.	*Amen.*

Le Compofiteur reprend le *Solo* & le Chœur aërien des Juftes, qu'on entendra dans un grand éloignement, pour peindre la difparition de J. C.

F

SECONDE PARTIE

DE LA MESSE.

PROFESSION DE FOI

DES CHRÉTIENS

SUR LA RÉSURRECTION.

(*Nota.*) Avant de commencer le *Credo*, il est bon de remarquer qu'un Auteur Sacré * a dit ce qui suit :

S. Paul,
1. Cor.

Quòd si Christus non resurrexit, vana est fides vestra....
Miserabiliores sumus omnibus hominibus.
Nunc autem Christus resurrexit à mortuis.

Si J. C. n'est pas ressuscité, la Religion Chrétienne n'est qu'un tissu de mensonges ; & nous sommes les plus misérables des hommes d'y ajouter foi. Mais J. C. est ressuscité d'entre les morts.

La Musique, en peignant les paroles

qui retracent les événemens qui ont précédé & fuivi la Réfurrection, en a offert
la preuve dans le Motet de la veille &
dans le *Gloria in excelfis* du jour.

D'après cela, le Muficien rappelle un
des traits faillans du *Surrexit*, qui a fini le
Motet de la veille ; à quoi le Peuple Chrétien femble répondre par l'organe d'une
Haute-Contre, jointe à une Baffe-Taille :
« Puifqu'il eft reffufcité, il n'y a rien d'in-
» croyable dans notre Religion ; donc :

« Je crois en Dieu le Pere Tout-Puiffant, qui a créé le Ciel & la Terre, les chofes vifibles & invifibles. Je crois en un feul Seigneur, en un feul J. C., Fils unique de Dieu, & né du Pere avant tous les fiecles ».

Credo in unum Deum, Patrem omnipotentem, factorem cœli & terræ, vifibilium omnium & invifibilium. Et in unum Dominum Jefum Chriftum, Filium Dei unigenitum, & ex Patre natum ante omnia fæcula.

(*Nota.*) Sur le *Patrem*, Mufique pleine & marquée. Sur l'*Et in unum*, Mufique plus animée.
Après ce morceau, l'Orcheftre reprend le même
trait du *Surrexit*, qu'on a entendu dans le Motet
de la veille ; à quoi le Peuple répond par l'organe d'une H. C., « Puifqu'il eft reffufcité,

Deum de Deo , Lumen de Lumine , Deum verum de Deo vero. Genitum non factum, confubfbantialem Patri , per quem omnia facta funt.

« Je crois en ce Dieu
» de Dieu, Lumiere de
» Lumiere, vrai Dieu de
» vrai Dieu, qui n'a pas
» été fait, mais engendré,
» confubftantiel au Pere ;
» par qui tout a été fait.

Qui propter nos homines & propter noftram falutem , defcendit de cælis.

» Je crois en J. C.,
» qui eft defcendu des
» Cieux pour nous fau-
» ver ».

(*Nota.*) L'Orcheftre reprend le même *Surrexit*, à qui le peuple répond, « Puifqu'il eft reffufcité,

RÉCITATIF.

Et incarnatus eft de Spiritu Sancto, ex Mariâ Virgine ; & Homo factus eft.

«Je crois en J.C., qui s'eft
» incarné dans le fein de
» la Vierge Marie, par
» l'opération du Saint-
» Efprit & qui s'eft fait
» Homme.

CHŒUR SOURD.

(Sur la premiere partie du chant du *Stabat.*)

Crucifixus etiam pro nobis.

« Je crois en J. C. ,
» qui a été crucifié pour
» nous ».

SOLO.

(L'Orcheftre répete la Mufique qu'on a enten-

due au commence-
ment du Chœur, *Sur-
rexit* du Motet de la
veille. Ce *Solo* inter-
rompt le Chœur pré-
cédent.)

« Il est ressuscité le
» troisieme jour ».

Resurrexit tertiâ die.

CHŒUR SOURD.

(Composé sur la seconde
partie du plain-chant
du *Stabat.*

« Il a été crucifié sous
» Ponce Pilate ».

*Crucifixus sub Pontio
Pilato.*

SOLO,

(L'Orchestre fait enten-
dre la même Musique
que la seconde entrée
du Chœur, *Surrexit* ,
de la veille. Ce *Solo*
interrompt le Chœur
précédent.)

« Il est ressuscité selon
» les Saintes écritures ».

*Resurrexit tertiâ die ;
secundùm Scripturas.*

CHŒUR SOURD.

(Sur la troisieme partie
du chant du *Stabat.*)

« Il a souffert & a été
» enséveli ».

Passus & sepultus est.

F 3

D U O.

(L'Orcheftre fait enten-
dre la même Mufique
que la troifieme entrée
du Chœur, *Surrexit*,
du Motet de la veille.)

Refurrexit, refurrexit.

« Il eft reffufcité, il eft
» reffufcité ».

C H Œ U R.

(Où l'on entend le chant
entier du *Stabat.*)

*Crucifixus etiam pro
nobis fub Pontio Pilato,
paffus & fepultus eft.*

« Il a été crucifié pour
» nous fous Ponce-Pila-
» te, il a fouffert & a
» été enféveli ».

C H Œ U R.

(La Mufique eft la même
que celle du Chœur,
Surrexit, que l'on a en-
tendue dans le Motet
de la veille.)
Ce Chœur eft d'a-
bord entendu fur le
précédent, qui fe tait,
enfuite pour ne laiffer
entendre que celui-ci.)

*Refurrexit tertiâ die,
fecundùm Scripturas, &
afcendit in Cœlum, fedet*

« Il eft reffufcité le
» troifieme jour, felon les
» Saintes Ecritures, il eft

» monté au Ciel, où il   *ad dexteram Patris.*
» eſt aſſis à la droite du
» Pere ».

(*Nota.*) C'eſt ici où le ſouvenir des ſouffrances de
J. C. s'évanouit par le Chœur *Reſurrexit*, deſtiné
à être rendu avec les tranſports de joie les plus
vifs & les plus marqués.

(*Nota.*) C'eſt comme ſi la Muſique diſoit :
» Il eſt vrai qu'il a été crucifié, mais il eſt reſſuſ-
» cité. Il eſt vrai qu'il a ſouffert, mais il eſt reſ-
» ſuſcité. Enfin, il eſt vrai qu'il a été enfermé dans
» un tombeau, mais il eſt reſſuſcité.

CHŒUR.

« Puiſqu'il eſt reſſuſci-   *Et iterum venturus eſt*
» té, je crois qu'il vien- *cum gloriâ judicare vivos*
» dra de nouveau plein *& mortuos.*
» de gloire & de majeſté,
» juger les vivans & les
» morts. »

(*Nota.*) Courte peinture muſicale du boule-
verſement qui arrivera au Jugement dernier ; ce
bruit fait bientôt place à un chant plus ſuave, &
qui ſemble dire *Nolite timere* ; il ſert de prélude au
Cujus regni.

AIR.

« Je crois que ſon regne *Cujus regni non erit*
» n'aura point de fin. *finis.*

F 4

(*Nota.*) La Mufique de ce morceau eſt la même que celle qui a été adaptée au *Nolite timere vos* du Motet de la veille. Il faut remarquer que, dans le milieu de ce morceau, un récitatif de Hautbois rappellera le même récitatif que l'on a entendu dans le *Nolite timere vos.* Les paroles de ce récitatif ſont : *Surrexit enim ſicut dixit ;* il eſt reſſuſcité comme il l'avoit dit. Le Muſicien s'eſt ſervi de ces moyens pour ne pas déroger à ſon principe,

CHŒUR.

(La Muſique eſt priſe dans le trait le plus ſaillant du *Reſurrexit,* que l'on a entendu il y a un inſtant.)

Reſurrexit, reſurrexit.

DUO.

Et in Spiritum ſanc-
tum Dominum & vivifi-
cantem ; qui ex Patre Fi-
lioque procedit ; qui cum
Patre & Filio ſimul ado-
ratur & conglorificatur ;
qui locutus eſt per Pro-
phetas.

« Il eſt reſſuſcité, il eſt » reſſuſcité ; donc je crois » au Saint-Eſprit qui eſt » auſſi Seigneur , qui » anime tous les mem- » bres de l'Egliſe ; qui » procede du Pere & du » Fils ; qui eſt adoré avec » le Pere & le Fils ; qui » a parlé par les Prophe- » tes ».

CHŒUR.

« J.C. est *ressuscité;* donc » je crois à l'Eglise qui est » Une, Sainte, Catholi- » que & Apostolique. Je » reconnois qu'il y a un » Baptême pour la rémis- » sion des péchés ».

Resurrexit, resurrexit.

AIR.

Et unam sanctam Catholicam & Apostolicam Ecclesiam. Confiteor unum Baptisma in remissionem peccatorum.

CHŒUR.

Il est *ressuscité, il est ressuscité :*

Resurrexit, resurrexit.

« Donc j'espere & je » crois fermement, que » cet Homme-Dieu, qui » triomphe aujourd'hui » de la mort, nous en fera » triompher aussi un » jour. J'espere & je » crois que nous vivrons » éternellement avec lui. » Ainsi soit-il ».

Et expecto resurrectionem mortuorum, & vitam venturi saculi. Amen.

CHŒUR.

« Il est ressuscité, il » est ressuscité ».

Resurrexit, resurrexit.

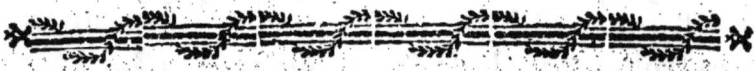

TROISIEME PARTIE

DE LA MESSE.

UNE marche fourde & myſtérieuſe fera
deſtinée à peindre la foule du Peuple Chrétien, qui eſt cenſée s'avancer en tremblant
au pied du Sanctuaire, pour y adorer le
Saint des Saints.... Mais déja l'approche
de l'Elévation courbe le Peuple ſaint autour du Tabernacle. Le prêtre, revêtu du
ſigne impoſant de la Religion, va élever
un pain myſtérieux. Un Dieu, fidele à ſon
traité, va deſcendre ſur l'Autel ſacré.

(*Nota.*) D'abord, dans les momens qui précédent l'Elévation, l'Orcheſtre, par ſes jours & ſes
ombres, par ſes contraſtes, par ſes différens effets,
que l'on tâchera de ménager avec art, peindra
l'arrivée du Très-Haut, précédé du Tonnerre, &
porté ſur l'aile des Vents; la chûte de ſes ennemis expirans, & tombant de toutes parts, ſous ſa

foudre brûlante ; les monts fondus à son aspect ;
le tressaillement de la Terre étonnée. (Le Musicien rappelle ici l'*Ecce Terræ motus* du Motet de la
veille). (1) Peu-à-peu l'Orchestre diminuant de bruit,
ralentira son mouvement ; &, par une combinaison
de sons plus doux , plus soutenus, par des chants
plus onduleux, plus frais ; par des accompagnemens éclaircis, qui contrasteront avec la marche
rapide & nébuleuse qu'ils avoient l'instant d'auparavant, qui, enfin, sont destinés à faire une opposi-
tion pittoresque, avec le fracas dont on a dû être
frappé ; cet Orchestre peindra alors la descente
majestueuse du Tout-Puissant, qui remplit le Temple
de sa gloire.

Ensuite la Musique, par un chant facile, par celui
du *Victimæ Paschali laudes immolent Christiani*,
(que les Chrétiens rendent leur tribut d'hommage
à la Victime Paschale.) Forçant le Peuple adora-
teur à un contentement involontaire, à une joie
douce, à une certaine sérénité dans l'ame, mon-
trera que ce n'est point un Dieu terrible armé des
traits de la vengeance, mais le Dieu de toute
bonté, mais le Dieu consolateur, mais le Dieu
qui vient visiter ses enfans.

---

(1) La partie Vocale , pendant ce temps, chantera *Sanctus Dominus Deus Sabaoth. Pleni sunt Cœli & Terra gloriâ
tuâ.*

L'Artiste s'étant efforcé alors de disposer le Peuple Chrétien aux sentimens de respect & de reconnoissance, fait entendre, au milieu des accompagnemens, les plus religieux qu'il lui a été possible de trouver,

O salutaris Hostia !	« O victime de salut
Quæ cœli pandis ostium ;	» qui nous ouvrez les
Bella premunt hostilia ;	» portes du Ciel ! vous
Da robur, fer auxilium.	» voyez les ennemis re-
	» doutables qui nous en-
	» tourent ; daignez, ah !
	» daignez vous armer
	» pour notre défense.

La Musique rappelle le *Scimus Christum surrexisse à mortuis verè* de la Prose, après quoi on entend l'*Agnus Dei, &c.*

Dans le *Domine salvum, &c.* le Compositeur se sert du chant de l'*O Filii*, dans le fond du tableau, & il tâche de faire entendre un Chœur supplicatoire sur le premier plan.

PLAN
DE LA MUSIQUE
DU
MAGNIFICAT,

Exécutée aux secondes Vêpres du jour
de Pâque.

JOIE DE L'ÉGLISE

SUR LA RÉSURRECTION.

LE Muſicien tâche de faire ſentir cette
joie de l'Egliſe dans tous les endroits du
Magnificat, & cela, pour ſe conformer

toujours à ce grand principe, que nous rappelle aussi S. Augustin, lorsqu'il dit que l'unité est la véritable forme du beau en tout genre (1) : *Omnis porro pulchritudinis forma unitas est.*

Dans l'ouverture, on a voulu réveiller l'idée de la plus grande joie ; on l'a fait dégrader sur un trait fort & marqué, composé sur le plain-chant de cet endroit de la Prose : *Victimæ Paschali, &c.... Scimus Christum surrexisse à mortuis verè....* Nous sommes certains que J. C. est véritablement ressuscité.

(C'est l'Eglise qui parle) :

RÉCITATIF *animé.*	*Traduction libre.*
Magnificat anima mea Dominum.	Avec quels accens pourrai-je assez dignement chanter la gloire de mon Seigneur ?
A I R.	
Et exultavit spiritus meus in Deo salutari meo.	Quels accords assez sublimes pourront expri-

(1) Ep. 18,

mer la joie que je ref-
fens ? Mon Sauveur, au-
jourd'hui , s'eft élevé
triomphant de fon Tom-
beau.

TOUS.

*Et exultavit fpiritus
meus in Deo , &c.*

Nota. Après que l'Orcheftre , fur la fin de
l'ouverture , a rappellé avec fermeté la réfurrection
du Sauveur, l'Eglife perfonnifiée femble, après ce
trait caractériftique , n'avoir point d'expreffion pour
exprimer fa vive reconnoiffance.

Pour faire reconnoître fes accens, auffi tendres que
joyeux, le Muficien a compofé l'*Et exultavit, &c.*,
fur le plain-chant, d'*O Filii & Filiæ ;*

Rex Cœleftis, Rex Gloriæ,

Morte furrexit hodie.

Réjouiffez-vous tous , le Souverain des Cieux ,
le Roi de gloire eft reffufcité d'entre les morts.

« O Nations futures !
» de quel étonnement
» n'allez-vous pas être
» frappées! par combien
» de louanges n'allez-
» vous point publier ma
» gloire ! quand vous
» faurez que le Maître
» de l'Univers a daigné
» non - feulement m'af-

AIR.

*Quia refpexit humili-
tatem ancillæ fuæ : ecce
enim ex hoc beatam me di-
cent omnes generationes.*

» socier au triomphe de
» sa Résurrection, mais
» encore me nommer
» son Epouse.

Quia fecit mihi magna qui potens est.

» Combien de prodiges apperçois-je s'opérer pour moi dans les siecles à venir.

CHŒUR.

Et exultavit spiritus meus in Deo salutari meo.

Quels accords assez sublimes pourront exprimer la joie que je ressens ! Mon Sauveur aujourd'hui s'est élevé triomphant de son Tombeau.

RÉCITATIF.

Et sanctum nomen ejus. Et misericordia ejus à progenie in progenies timentibus eum.

Être des Êtres ! quelle gloire pour ton nom ! Oui, j'entrevois la miséricorde se répandre de génération en génération, sur les mortels qui se réfugieront dans mon sein.

Nota. La Musique au *Quia respexit*, n'exprimera que des transports de joie. A cet effet, la partie du Chœur coupera tellement ses phrases d'une maniere symétrique, qu'elle aura la démarche de la joie la plus vive. Le Compositeur a tâché d'emprunter un mêtre propre à jetter sur tout le tableau

une

une couleur fraîche, jeune, fi l'on peut ainfi s'exprimer. Ainfi l'Orcheftre, pour concourir avec le
chant de maniere à parfaire ce tableau, parlera
fur-tout par l'organe des inftrumens aigus, dont les
notes extrêmement détachées, feront propres à
rendre l'idée du Muficien. Toutes les fois que le
chant arrivera au *Quia fecit mihi magna* : « Combien
» de prodiges apperçois-je s'opérer pour moi dans
» les fiecles à venir » ? la Mufique, par l'éloignement de fa modulation, prendra un caractere myfté-
rieux, propre à réveiller l'idée du ton Prophétique
convenable à ces paroles; après quoi, le Chœur
reprendra pour refrain l'*Exultavit*, toujours fur le
chant Pafchal, d'*O Filii & Filiæ*, &c

Au *Sanctum nomen ejus, & mifericordia ejus à
progenie in progenies*, &c., le Muficien, pour peindre
le plus grand myftere de la Religion Chrétienne,
que l'Eglife défigne alors, fait revivre la Mufique
de l'élévation, autrement de l'*O falutaris Hoftia*.
On fe reffouviendra qu'il a déja eu l'intention à
la Meffe de lui donner un caractere religieux, propre à infpirer un certain refpect muet, & en même-
temps, les fentimens d'une reconnoiffance qui n'a
plus d'expreffion, à la vue de la bonté infinie du
Très-Haut qui, par fuite de fa réfurrection, doit
encore defcendre fur fes Autels, jufqu'à la fin des
fiecles. Ce qui eft défigné par l'*Et mifericordia
ejus*, &c.

G

Allegro du même Chœur.

Fecit potentiam in bra-
chio fuo ; difperfit fuper-
bos mente cordis fui.

    Depofuit potentes de
fede, & exaltavit humi-
les.

« C'eſt ton bras re-
» doutable qui confond
» en ce jour l'orgueil
» de la ſynagogue. C'eſt
» par la force de ce mê-
» me bras que je terraſ-
» ferai mes ennemis avec
» le même éclat qui a
» attéré la garde du Sé-
» pulcre, Et c'eſt ſur les
» ruines de ces mêmes
« ennemis frémiſſans,
» que le triomphe de
» la Réſurrection glo-
» rieuſe élevera la nom-
» breuſe troupe de mes
» enfans. C'eſt le même
» bras invincible , &
» toujours armé pour
» moi, qui diſſipera,
» comme une ombre lé-
» gere, les richeſſes de
» celui qui n'eſpere point
» en ton nom.

RÉCITATIF.

Eſurientes implevit bo-
nis, & divites dimifit
inanes.

» Enfin, c'eſt toi qui
» tiens dans tes mains
» les jours du riche, &
» qui fais couler ceux du
» pauvre dans des tor-
» rens de joie ».

Nota. Le Compositeur, dans ce Chœur, déssine son tableau de cette maniere : il fera revivre le motif entier de l'*Exterriti sunt custodes & facti sunt vetut mortui*, qu'on aura entendu dans le Motet de la veille, pendant lequel les instrumens gravés, tels que les Bassons, descendans au grave de leur diapason, laisseront entendre par intervalle, des plaintes sourdes, des accens de terreur, des tons contenus, qui réveilleront l'idée de la frayeur des gardes. Sur cette partie de l'Orchestre accentuée d'une maniere douloureuse, les Voix, au contraire, accentuées d'une maniere forte & prononcée, frapperont les oreilles par des chants âpres, foudroyans, &c. ; après quoi, l'Orchestre se dégradera sur un trait plus ténébreux, pour faire sentir le *Deposuit potentes de sede.* A la fin de ce tableau, s'élevera un chant de deux Hautbois, escorté des accompagnemens convenables & qui rappelleront l'*Et misericordia*, qu'on aura entendu l'instant d'auparavant. L'Orchestre se taira tout-à-coup, pour laisser entendre une voix, qui, chantant en Récitatif, *Esurientes implevit bonis*, semblera dire que cette miséricorde, rappellée par le Hautbois, sera spécialement répandue su le pauvre.

Reprises des mêmes accens de Hautbois. Tout l'Orchestre rentrant précipitamment après ce trait, fera revivre le motif du *Deposuit potentes.* Ce motif se taira, pour laisser entendre la même voix qui, chantant en Récitatif : *Et dimisit inanes*, semblera dire que cet anathême n'est lancé que contre la dureté du mauvais riche. Reprise du même motif effrayant du *Deposuit potentes*. . .

DUO.

Suscepit Israël puerum Juum, recordatus misericordiæ suæ.

Sicut locutus est ad Patres nostros, Abraham & Semini ejus in sæcula.

. . . Sicut locutus est.

Suscepit puerum suum;

Sicut locutus est. . . .

Recordatus misericordiæ suæ.

Sicut locutus est. . . .

Sicut locutus est. . .

« Le Très-Haut s'est » ressouvenu d'Israël, » son enfant ; il s'est » ressouvenu de sa mi- » séricorde, comme il » l'avoit annoncé à nos » Peres, à Abraham & » à toute sa Postérité. » Oui, le Très-Haut ne » se dément point ; son » oracle est accompli ; » il s'est ressouvenu d'Is- » raël ; il s'est ressouve- » nu de sa miséricorde. » Il l'avoit promis, il » l'avoit promis....

CHŒUR.

Et exultavit spiritus meus in Deo salutari meo.

» Quels accords assez » sublimes pourront ex- » primer la joie que je » ressens ! Mon Sauveur » aujourd'hui s'est éle- » vé triomphant de son » Tombeau.

Nota. L'Artiste, dans le *Suscepit Israel puerum...* prendra un rhythme tranquille, destiné à jetter sur le tableau une teinte douce, tendre, &c., & tâchera de produire une mélodie analogue aux sentimens que l'Eglise cherche à inspirer.

Le Musicien interrompra tout-à-coup son morceau, pour faire place à un long silence, que terminera un *unisson* d'Orchestre très-sourd & imposant en même-temps. Son intention a été, que ce bruit semblât dire : " *Peuple, observe un pro-* » *fond silence ;* la Prophétie de la résurrection va » se retracer ". A cet *unisson,* succédera un autre silence ; après quoi le Musicien, par le choix de ses couleurs, de sa mesure, de ses instrumens, tels que les Trombons, tâchera de donner un caractere antique à ses accompagnemens graves & majestueux. Il les fera entendre sourdement, & en même-temps que la partie Vocale dira, sur un son permanent : *Sicut locutus est ad Patres nostros, Abraham & Semini ejus in sæcula ;* c'est à une exécution très-*pianissimo* à faire entendre cet oracle sacré, comme perdu dans la nuit des temps. Quand ce trait, qu'on apperçoit à peine dans le fond du tableau, s'est totalement effacé dans un grand éloignement, les deux premiers personnages, se livrant à toutes les émotions de joie, que leur inspire l'accomplissement de cet Oracle Saint dans la résurrection, s'écrient tout-à-coup avec transport, sur un motif où l'on entrevoit une lueur du *Resurrexit* de la Messe. « C'est donc aujourd'hui que l'Eternel s'est ressouvenu de ses antiques promesses. Oui, c'est en ce jour qu'elles s'accomplissent ».

Gloria Patri, & Filio, & Spiritui Sancto; Sicut erat in principio, & nunc, & semper, & in sæcula sæculorum. Amen.	Gloire au Pere, au Fils & au Saint-Esprit; comme ils l'ont reçue dès l'origine du monde; comme ils la reçoivent en ce grand jour : gloire qui se perpétuera à jamais, & dans tous les siecles des siecles. Ainsi soit-il.

Nota. On a eu l'intention de faire toujours entendre le ton Paschal dans ce morceau, en y faisant entrer en dialogue, le chant *du Regina Cœli*, &c., qui a été introduit sur d'autres motifs dans le chœur *Surrexit*, qui termine le Motet de la veille. Le Compositeur, dans le *Gloria Patri* dont il est question, n'emprunte ce chant Paschal, qu'au moment où la Musique arrive au *Gloria Filio*, de maniere que par le rapprochement du *Regina Cœli* avec ce *Gloria Filio*, elle semblera dire : « Reine des Cieux, quels momens d'allégresse pour toi ! c'est aujourd'hui que ton Fils manifeste son triomphe & que tu jouis de sa propre gloire ».

L'artiste, pour laisser emporter par les assistans, le souvenir de la solemnité, donne absolument son dernier coup de pinceau, en se permettant de terminer toute la Musique par l'explosion inattendue du seul mot, *Resurrexit.*

F I N.

P. S. J'ai dit, à la page 8, que personne ne se vanteroit de m'avoir prêté sa plume pour ce foible Essai. Comme je viens d'entendre, encore tout récemment, plusieurs voix s'élever, & prétendre qu'on ne doit pas m'attribuer cet Ouvrage, je le répete : Non, personne ne pourra dire qu'il m'a prêté sa plume.

Si j'ai des ennemis, à coup sûr, on ne soupçonnera pas que ce soit eux. Je me flatte d'avoir quelques amis : j'en appelle à un grand nombre d'entre eux, qui m'ont vu eux-mêmes composer & écrire cet Essai, & qui m'ont permis de les nommer, si je me trouvois jamais obligé d'en venir à la preuve. Ainsi, soit qu'il ait quelque mérite aux yeux du Public, soit qu'il n'obtienne aucun succès, j'aurai seul l'avantage ou la honte d'en être l'Auteur, ainsi que de la Musique.

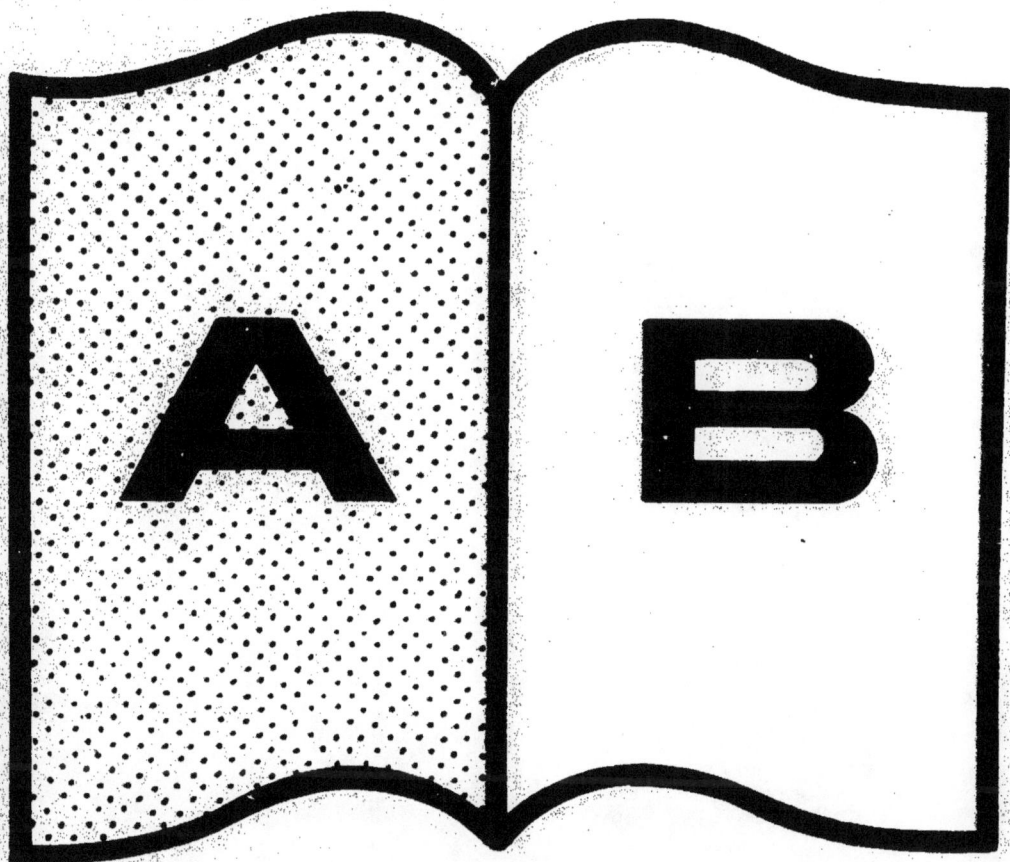

Contraste insuffisant

NF Z 43-120-14

www.ingramcontent.com/pod-product-compliance
Lightning Source LLC
Chambersburg PA
CBHW060641100426
42744CB00008B/1713